VIDA

fases
trajetórias
e sentido
da existência

copyright © Vilma Leal, 2018

AUTORA
Vilma Lúcia Leal Fagundes Neves

REVISÃO
Equipe Musa
Juliana Leal
Autora

FOTOS
acervo Vilma Leal

PROJETO GRÁFICO E DIAGRAMAÇÃO
Zellig | Renata Ratto
www.zellig.com.br

Dados Internacionais de Catalogação na Publicação (CIP)
Bibliotecária Juliana Farias Motta CRB7 – 5880

L435v Leal, Vilma
       Vida: fases, trajetórias e sentidos da existência /
       Vilma Leal
       São Paulo : Musa, 2018.

       176 p. ilustrado, fotos : 18cm x 25cm
       Inclui glossários e referências

       ISBN: 978-85-7871-029-3

       1. Fenomenologia existencial. 2. Psicoterapia
       existencial. 3. Hábitos de saúde. I. Título: fases,
       trajetórias e sentidos da existência
                                              CDD 150.192

Índice para catálogo sistemático: 1. Fenomenologia existencial /
2. Psicoterapia existêncial / 3. Hábitos de saúde

Todos os direitos reservados. Impresso no Brasil, 1ª edição, 2018.

Musa Editora
T 11 3862-6435 | 35 99892-6114
musaeditora@uol.com.br
www.musaambulante.com.br | www.musaeditora.com.br
Facebook.com/MusaEditora | Twitter.com/MusaEditora

Vilma Leal

VIDA

**fases
trajetórias
e sentido
da existência**

EDITORA

Palavras do autor

Antes de mais nada, gostaria de dar as boas-vindas a você, leitor! Seja qual for a razão que o levou a folhear e a comprar este livro, certamente não será a única que o levará a percorrer esta jornada de conhecimento sobre saúde, emoções, qualidade de vida e crescimento.

É uma grande alegria compartilhar com o leitor algo que escrevi com tanto carinho e boa vontade, minha pequena parcela de contribuição a esta vida maravilhosa e especial. Sempre que leio um livro, fico me indagando sobre o autor; o que ele pensa exatamente? Como seria conversar pessoalmente com ele sobre sua obra?

E agora aqui estou no papel de autora trazendo minha bagagem e experiência como médica psiquiatra e clínica geral integrativa, mulher e ser humano.

Quero deixar o meu muito obrigada pela sua generosidade de querer conhecer um pouco do que vivo, respiro e sonho. Desejo de todo o coração que esta obra lhe seja útil.

Boa leitura!

Dedicatória

Ao Darlan, meu marido, que me dá apoio e amor necessários ao meu crescimento.

Aos meus filhos Juliana, Rogério e Ana Carolina, com todo meu amor.

Ao Luca, Isabela, Maytê e Sophia, meus netinhos queridos.

A quem fez e faz parte da minha vida eternamente e quem adoro: Oflávio Torres Cavalcante, Layri Viana, Vânia, Rosana, Simone, Cristiane e Anelise, minhas priminhas queridas, Ivo Braga e Zelita.

Agradecimentos

Ao colega Dr. Gabos, que muito me ajudou, com os ensinamentos e conhecimento da medicina integrativa e na dimensão da filosofia e da espiritualidade.

Aos amigos que me apoiam lendo meus livros e fazendo comentários. Fico muito feliz!

À Juliana, que me dá incentivo, força e é a maior motivação da minha contribuição para um mundo melhor: escrevendo.

Agradeço também a foto da linda gestante, dando origem à vida.

Às crianças que documentaram com suas lindas carinhas do nascimento à infância. Obrigada!! Vocês são minha vida, meus amores!!!

À Sandra da Biblioteca da FESPSP, que muito me ajudou no material de pesquisa.

À Águida, obrigada pela sua excelente colaboração.

À Ana Cândida, que sempre acredita no meu trabalho, com muito estímulo.

> Sumário

Apresentação 14

Introdução 16

1 > **Filosofia da vida** 18
    O amor 22
    Desenvolvimento espiritual 24

2 > **Situação humana, do ponto de vista da Psicanálise contemporânea** 26

3 > **História, conceitos e polêmicas do desenvolvimento humano** 28
    Behaviorismo 30
    Desenvolvimento humano 33

4 > **Concepção, fecundação, fase embrionária e período fetal** 37

5 > **O ser humano ao nascer** 42
    Desenvolvimento da criança 45

6 > **Fases da vida: crises e desenvolvimento da individualidade** 49
    A divisão da vida em fases 50
    Desenvolvimento da sexualidade 53

7 > **As fases da vida com abordagem por três ângulos, vista por outros filósofos e estudiosos do assunto** 55
    As fases da vida com essa abordagem também biológica, psicológica e espiritual 56
    O caminho psicológico da vida 57
    As idades da vida 58

8 > Origem das emoções: processos neurais das emoções 61
    Uma força muito grande 62
    A cara feia da raiva 64
    Um bando raivoso 66
    O gene responsável pela MAO-A 68
    Genes e ambiente 69
    Acalme suas frustrações 71
    Comportamento ruim 73
    O medo e a ansiedade 75
    Conhecimento do medo 76
    Choro/lágrimas 77
    O pesar é parecido com uma dor física? 79
    O bom pesar 80
    A molécula da tristeza 82
    Empatia: a verdade por trás de alguma coisa 88
    Último, mas não menos importante 89
    Fragmentos de felicidade, alegria, um sorriso 91
    A Neurociência 96
    Alegria, culpa, raiva e amor 97
    O controle das emoções 99

9 > Fundamentos da personalidade 103
    Necessidades emocionais 104
    Adolescência 105
    Puberdade 106
    Aparência 107
    Aproximação biológica 107
    Maturidade 109
    Seleção de um parceiro 109
    Desenvolvimento da idade adulta 110
    Saúde, atividade e nutrientes 111
    A Epigenética 112

10 > **A trajetória de todos nós** 119
    Cada indivíduo é único 122
    Herança genética 122
    O que são radicais livres 123
    Vencendo a batalha interna 124
    Longevidade 124
    Como controlar os radicais livres 125
    Comer menos 126
    Encolha a barriga 129
    Exercícios 130
    Carboidratos que envelhecem 130
    Carboidratos rápidos 131
    Como chegar bem à longevidade 140
    Não se compare com os outros 141
    A natureza do amor 142
    O poder do fluir 143
    Os perigos do amor sem fluir 143
    As ilusões do amor 144
    Independência para cultivar o amor 146
    A dor nunca é o problema 146
    Dor física e dor emocional 146
    Dor inevitável 147
    Como compreender a vida? 148
    Qual é a finalidade da vida afinal de contas? 148

11 > **As conexões cósmicas: o enigma da complexidade da vida** 151

12 > **O sentido da existência** 154

13 > **Conclusão** 158

14 > **Síntese** 160

Glossário 164

Bibliografia 172

> **Apresentação**

Este é um livro importante e instigante, fruto de séria pesquisa e, sem dúvida, expressão de um ponto de vista que, ao meu ver, precisa circular intensamente entre os que se ocupam com os temas da vida.

Eu o vi pronto, bem antes de estar escrito, tamanho o meu desejo de escrevê-lo. Conservo na memória exatamente o que pensei na ocasião, e cheguei a fazer anotações de todas as minhas observações, rabisquei em bloquinhos, etc. Aqui coloquei em prática toda minha capacidade de investigar e oferecer condições epistemológicas renovadas para a escrita desse livro, cujo projeto foi iniciado em 2012, e envolveu não apenas um tempo que se alargou bem mais do que o previsto, mas também mobilizou consultas, pesquisa e diálogos, que tornaram o trabalho possível, e sua escrita criou condições para que tal projeto tomasse forma.

Dessa maneira concluí, então, que o tema do "desenvolvimento humano" apresentava ideias e controvérsias dos vários autores pesquisados. A mim restava então a obrigação de empreender esforços para que este trabalho pudesse circular bem na forma de livro.

O texto traduz uma bem sucedida síntese de afirmação da perspectiva epistêmica evolucionista que arrastou para dentro de si toda a gênese analítica dos fenômenos naturais, sociais e humanos. O substrato histórico da comparação, coração e alma do desenvolvimento, foi paradigma e tem heróis fundadores, mas também homens perplexos diante dos imbróglios que o próprio domínio da razão enfrentaria desde a entrada em cena do argumento darwiniano, em 1857. A análise prosseguiu até mostrar por que o chamado determinismo biológico, com aspectos da antropologia e da psicologia, entre outros, estava a demandar intervenção analítica.

Como afirmei ao iniciar esta apresentação, este é um livro que temos o que aprender com ele. Buscamos, na escrita, situar a produção científica sobre os processos do desenvolvimento humano. Esse será o ambiente intelectual no qual as ideias dos autores, algumas discutidas ao longo deste trabalho, irão ganhando sentido.

O conceito de evolução torna-se definido por tais processos de mudança e desenrolar progressivo de transformação em direção às formas mais complexas que caracterizariam os fenômenos, organismos naturais e sociais.

Desta forma, o conceito atravessaria os mais distintos campos do conhecimento. O uso do termo evolução fez-se presente por vários autores ao definir os processos de mudança como dirigidas a uma maior complexidade.

> **Introdução**

Trabalhar com problemas do desenvolvimento humano e da biografia ocupou um lugar central na minha vida, por muitos anos. Na psiquiatria infantil, a principal questão era o significado de distúrbios precoces na vida do paciente tomados como um todo. Na psicoterapia de adolescentes e adultos, era a procura do leitmotiv que orientava as etapas da vida, da infância à velhice.

É frequentemente mais importante ajudar uma pessoa a definir um novo futuro do que perder tempo com um passado que não pode ser alterado.

Muitas vezes, senti vontade de escrever e colocar no papel as experiências adquiridas neste envolvimento com o curso da vida humana, entretanto, a cada vez, uma sensação de que eu ainda não estava pronta me fez adiar aproximadamente por quase uma década.

Outro fato seria o legado do curso da minha própria vida. Finalmente me convenci a ir em frente e escrever este livro: quando se tem mais passado que presente é uma questão de agora ou nunca.

Espero que este livro, com todas as suas deficiências, seja lido como o trabalho da vida de uma médica psiquiatra.

Este trabalho não é escrito do ponto de vista da ciência behaviorista, objetiva. O curso da vida humana não é afinal algo que possa ser descrito como sucessão programada de reações químicas.

Em primeiro lugar, o curso da vida humana tem um aspecto biológico que pode ser descrito pelo lado de fora em ascensão e declínio.

Tem também um aspecto psicológico vivenciado em pensamentos, sentimentos e impulsos de vontade. E tem um aspecto espiritual bem individual da escolha de valores, do sentido e de realizar uma parcela do potencial do eu.

São esses últimos aspectos, o psicológico e o espiritual, que nos preocupam mais, porque isso é o que somos como humanos.

Uma compreensão das fases da vida humana pode começar a dar sentido à existência. A mais remota descrição das fases da vida humana pode ser encontrada no provérbio chinês: "A vida humana consiste em três fases: vinte anos para aprender, vinte anos para lutar e vinte anos para atingir a sabedoria."

Se neste assunto for encontrado algo da essência desse provérbio chinês, então um dos seus objetivos terá sido alcançado.

1 >
Filosofia da vida

Não há problema humano que não seja examinado pela filosofia. Esta não é sistema, mas método de estudar os problemas humanos. Os nossos problemas, os nossos grandes e dolorosos problemas, os problemas dos nossos destinos e do destino da vida humana são estudados dentro de sua verdadeira perspectiva. A conduta humana e a fé sofrem hoje as mais profundas perturbações observadas depois da riqueza e da filosofia.[1]

O leitor ocupado perguntará: para que serve a filosofia? Pergunta vergonhosa, que não fazemos à poética, essa outra construção imaginativa de um mundo mal conhecido. Se a poesia nos revela beleza que nossos olhos ineducados não veem, e se a filosofia nos dá os meios de compreender e perdoar, não lhes peçamos mais – isso vale todas as riquezas da terra.

Que é a matéria na essência final? Que é o espírito? Algo diferente ou algo derivado da matéria? É o mundo interno, que conhecemos por percepção, ou o mundo interno que sentimos pela consciência? Obviamente o eu é uma precária unidade de hereditariedade de memória e propósito – mais frágil que imortal.

---

[1] Will Durant, *Filosofia da Vida*, Companhia Editora Nacional, São Paulo, 1965. Espírito e corpo são paralelos mas independentes. Correm lado a lado sem que se toquem ou se influenciem. Mas o problema não é se uma coisa evoluiu da outra; o problema, refraseado, é se as mais baixas formas de espírito – espírito-matéria – se desenvolveram nas formas altas. Porque o espírito não é matéria, nem a matéria é espírito, o que há é o espírito-matéria. Espírito não é entidade distinta dentro da matéria, do mesmo modo que a vida não é coisa que more no corpo. A própria consciência, embora não a possamos explicar, cai dentro do plano evolutivo porque não a derivamos da importante inércia da matéria dos materialistas e sim da energia que é a vida da matéria. O corpo não é aceito como "matéria" e sim como vida, ainda nas mais simples células a vitalidade é central e a forma material simples casca. A vida não é função da forma, a forma é que é produto da vida. A vida vem primeiro, é interna. A matéria coeva da vida no tempo é inseparável da vida no espaço. Tentamos neste capítulo uma síntese que em certa medida procura aprender a perspectiva total e a complexidade do mundo. Falhamos, não há dúvida, e apenas tornamos mais obscuro o que todos percebem e sentem. O pensamento é uma ação que começa, a atenção é tensão. Emoções, como mostrou Kennol, são condições do sangue, produzido por secreção de glândulas. O espírito, em todas as suas funções, é uma parte do corpo, cresce com o crescimento do corpo e com ele decai e morre.

Pensamento é ação que começa. Atenção é tensão. Apetite é busca, emoção e movimento. Emoções, como mostrou Cannon, são condições do sangue, produzidas por secreção de glândulas. Toda ação e todo pensamento se determinam pelo desejo, que é uma condição do corpo. Fome não passa do esvaziamento de certas células. A imaginação erótica é determinada pela maturidade fisiológica. Metade da poesia do mundo provém das células intersticiais. O espírito em todas as suas funções é uma parte do corpo; cresce com o crescimento do corpo e com ele decai e morre; e não é mais estranho à natureza corpórea do que a digestão, a respiração, a excreção. É apenas a mais alta função da carne. Há interação de "corpo e espírito", no sentido de que um órgão e sua função no corpo influenciam outros órgãos e funções, sendo uma parte mais integrativa do sistema nervoso.

A mais alta forma de espírito é aparentada em natureza e continuidade de desenvolvimento. A própria consciência, embora não a possamos explicar, cai inteligentemente dentro do plano evolutivo, porque não a derivamos da inércia da matéria e sim da energia que é a vida.

Se falamos de pensamento como função do corpo, fica entendido que o corpo não é aceito como "matéria", e sim como vida. Ainda nas mais simples células, a vitalidade é central e a forma é que é produto da vida.[2]

Podemos hoje pensar porque temos cérebro; mas o cérebro foi construído pela vida no seu esforço de pensar, e ainda hoje é assim que o cérebro cresce. A vida vem primeiro, é interna; a matéria é inseparável no espaço e coeva da vida no tempo. Vem em seguida na essência, na lógica, na significação. A matéria é a forma e a visibilidade da vida.

Tudo isto é uma gota d'água no oceano, e torna difícil e obscura a compreensão. Considere o crescimento: temos aqui uma criança, que exige alimento e procura com suas mãozinhas agarrar o mundo. E a criança cresce, e só um alimento pode a deixar de face rosada e de riso nos olhos. Agora equilibra-se de pé pela primeira vez, que anseio é este pela verticalidade? Por que se excita com perpétua curiosidade, com insaciável ambição, tateando e procurando, olhando e ouvindo, manipulando e experimentando, observando e ponderando, crescendo – até que levanta e olha os mapas da terra e mede o tamanho das estrelas.

---

2 Will Durant, 1965

Que misteriosa transformação é a da puberdade, que de um menino travesso faz um homem, e que se afeiçoa a uma menina numa entidade de beleza acima de qualquer arte! Considere-se a regeneração. Cortado um dos ápices de uma planta, ela cresce de novo. Cortado o mais rente possível do centro, brota especialmente, e cortado o próprio centro brota ainda. Fica imóvel à espera de que o ser vivo venha recompensá-lo. Mas esses fenômenos espetaculares que Bergson descreve não são os mais significativos. O mais simples processo de cicatrização não é mecânico, é maravilhoso.

Considere-se a consciência. Que misteriosa faculdade é essa que nos faz cientes do que fazemos ou do que pretendemos fazer? Ou que percebe o conflito das nossas próprias ideias e por meio de umas critica as outras? Começamos com coisas que só conhecemos externamente na sua forma superficial como a matéria que é na física moderna a forma superficial da energia.

Consideremos finalmente a reprodução. Há aqui um minúsculo ovo invisível aos nossos olhos e aqui um inquieto espermatozóide. Cada uma dessas microscópicas células com caracteres herdados de milhares de gerações, cada qual traz consigo sutis qualidades de corpo e espírito, impulsos, disposições e aptidões, fome e ânsia de amor. Talvez, se encontrasse ali até a paixão e a paciência do gênio. Bem, deixemos que o espermatozóide e o ovo se unam. Imediatamente, as possibilidades que trazem em si se transformam em realidade. E começa o milagre de uma vida nova.

Por algum impulso interno, alimentado pelo sangue da placenta, a célula fecundada se divide em duas, em quatro, em oito, em cem milhões de células que crescem em unidades. Um coração se forma e começa a bater. Um cérebro se forma e começa a sentir. Mãos e pés vão se afeiçoando e agitam-se dentro do útero. Por fim a pequena maravilha nasce. O ar, o sorriso, a luz entram a atuar sobre ela. Seus olhos, seus lábios e ouvidos se abrem, e todos os seus nervos vibram com sensações. A vida novamente irrompeu e derrama-se com prodigalidade, sempre forte.

A conduta do homem é claramente o resultado de seu caráter e das circunstâncias que o rodeiam. O caráter é o produto do meio em que se desenvolveu e da sua hereditariedade. A vida é criativa, porque acrescenta sua energia ao que recebe de fora. A vontade é livre unicamente quando a vida remodela o mundo. Para isso, a vida inventa, constrói e enfrenta as coisas externas.

> O amor

> Um dos sentimentos mais recorrentes no amor é o que nós e aqueles
> por quem nos sentimos atraídos atingimos uma unidade forte e singela
> de corpo e mente. Essa unidade aceita a distância física e mental
> e, conforme nossa confiança no outro cresce, também deixa de lado
> as dúvidas sobre compartilhar de suas crenças e ideias. Quando amamos,
> baixamos a guarda e as estratégias de defesa. Nesse sentido, vale a pena.
> Giovanni Frazzetto

O amor é a mais interessante de todas as formas da experiência humana. Muito nos espanta que tenha sido tão pouco estudado em sua origem e no seu desenvolvimento. Quanta literatura determinou em todas as línguas! Que inesgotável fluxo de poesia épica, lírica, dramática e romântica ele criou!

Sim, não há dúvida de que os homens desejam as mulheres, e que o amor, "que move o sol e as demais estrelas", sublima as almas.[3] Mas por quê? A poesia provou um ponto: que o amor flui perpetuamente do peito humano; mas onde está a secreta origem da eterna mocidade do amor? Por que nos enamoramos?

Por que o homem ama então?

O amor, acima de tudo, é insanidade. Nos primeiros estágios do amor, adentramos um espaço no qual os medos, desejos e a nossa visão sobre a vida mudam. As prioridades mudam. O êxtase que toma conta de nós é tão forte que, além de nos apaixonarmos por uma determinada pessoa, nos sentimos em harmonia com o mundo todo. Nós nos tornamos otimistas e ignoramos as cosias que nos incomodam.

O amor definitivamente está no lado positivo do arco-íris das emoções. Ele é, na maior parte do tempo, fonte de alegria de todas as emoções. Talvez seja a emoção mais complexa, ambígua e imprevisível, mas também uma das mais compensadoras, quando o damos e também quando o recebemos.

Sozinho, o amor engloba sentimentos de alegria, ansiedade, ciúmes, tristeza e até raiva, culpa ou arrependimento. Quase todo mundo está ou esteve interessado no amor durante uma fase de sua vida, ou já esteve à mercê dele.

---

3 Will Durant, 1965.

Em 2012, "o que é o amor?" foi a pergunta mais procurada no Google.

As amizades importantes são fortes motivos que contribuem para a felicidade. Mas, para muitos, o amor, que representa o afeto recíproco e a paixão entre duas pessoas, vence a amizade.

Poderíamos viver muito bem com nossos amigos, mas procuramos o afeto exclusivo de um indivíduo. Por mais difícil que seja defini-lo e, às vezes, mais difícil ainda alcançá-lo, o amor verdadeiro continua sendo um dos maiores objetivos da vida a que muitos seres humanos aspiram.

O amor não é feito de moléculas e unidades de DNA, mas de momentos efêmeros de paixão e união.

O amor é tão emocionante que nos faz querer abrir asas e voar.

Faz sentido amar a quem não retribui nossa paixão?

O amor é um impulso que gera uma luta interna. Para exemplificar essa tensão, Platão usou uma metáfora que se tornou amplamente conhecida. Ele disse que a mente (em suas palavras, a alma, ou *noûs*, em grego) é comparável a uma coleira guiando dois cavalos alados. Um dos cavalos é nobre, de boa natureza, dócil e obediente. O outro, de linhagem oposta, é irracional, indisciplinado e mais difícil de domar.

A metáfora é apropriada para as questões do amor. Tratando-se de poesia e autoridade filosófica, a imagem usada por Platão reflete o dilema principal no protocolo do amor, que tem persistido ao longo do tempo e ainda assombra os apaixonados hoje em dia: devemos seguir nosso instinto de procurar prazer, incluindo a busca por satisfação do corpo ou devemos deixar o raciocínio e a análise controlarem nossas atitudes?

Aplicado às primeiras fases do amor e da pesquisa podemos entender assim: é útil permitir que a loucura nos domine, ou é mais sábio guardar nossos melhores sentimentos para quando tivermos certeza de que conquistamos a pessoa de nosso interesse?

Em termos modernos: devemos nos fazermos de difíceis ou tomar a iniciativa?

> Desenvolvimento espiritual

Meus leitores já viram isso em outro livro quando falei do amor em *Psicologia das Emoções*.[4] Como explicar essa transformação do desejo físico em amor romântico? Como essa agitação do corpo se transforma em ternura?

Consideremos o evoluir psicológico do amor. Frequentemente o amor começa com certa ternura da menina para com o pai e do menino para com a mãe. Passa depois a uma devoção apaixonada para com uma pessoa mais ou menos da mesma idade.

Quando uma criança nasce, o amor entre os pais se renova, mas passa a ser muito diferente do que era antes. A chama do primeiro amor já estará em pleno declínio, e há ainda o fato de que o novo ser toma do coração dos genitores, parte da ternura que até então consagrava um ao outro. A mãe tende a esquecer o esposo, enlevada que está na adoração do bebê; e o pai, se a pequena maravilha é menina, sente a tentação de dar-lhe toda a atenção que dispensava à jovem mãe. Finalmente o encanto da novidade esmorece e os pais voltam-se um para o outro, com os laços amorosos renovados, embora modificados.

Só o tempo torna completo esse relacionamento entre os dois. Durante os anos da criação dos filhos, quantas torturas do coração! Planos feitos e conduzidos em comum, vitoriosos, conquistados juntos, desesperos compartilhados, tudo isso afeiçoando os dois seres numa amizade espiritual que chega até à fusão das personalidades, sendo que em alguns casos chega até à semelhança física dos rostos. Vigiar sobre o berço dos bebês, assistir ao crescimento e, mais tarde, com relutância, entregá-los aos braços do amor. Tudo isso faz dessas pessoas uma.

Quando o lar que se encheu do riso das crianças está vazio e é todo ele saudades, o amor continua consolidado e enriquecendo os companheiros da jornada de tantos anos. O que apenas se sabe do amor é que ele vem no tempo dos desejos, e só é possível conhecer a alma do amor, que vai se mostrando cada vez mais, à medida que os encantos físicos vão desaparecendo.

---

4 Vilma Leal, *Psicologia das Emoções*, Musa Editora, 2015.

Na última fase floresce espiritualmente. Tal é o ciclo do amor. Todas as coisas morrem, menos o amor, porque o amor salta até por cima das tumbas e por meio de uma geração anula até a morte. Parece coisa fugaz por excelência e é no entanto o que há de perene no quadro geral da vida humana. Tudo é fútil na vida, exceto o amor. A literatura nesse campo é a mais interessante do mundo e a que menos merece fé.

2 >
Situação humana: do ponto de vista da Psicanálise contemporânea

O homem, no tocante ao seu corpo e às suas funções fisiológicas, pertence ao reino animal. O funcionamento do animal é determinado pelos instintos, os quais, por sua vez, são estruturas neurológicas herdadas.

Consideremos um certo grau de inteligência nos primatas superiores, isto é, o uso do pensamento para atingir objetivos desejados. O animal vive mediante leis biológicas. Não tem consciência da sua natureza moral e nenhuma do eu, nem de sua existência. Quando o animal transcende a natureza o papel puramente passivo da criatura, ele se torna, biologicamente falando, o animal mais desamparado – é quando nasce o homem. A essa altura o animal emancipou-se da natureza, pela postura ereta, o seu cérebro tornou-se muito maior do que em animais superiores. Esse nascimento do homem poderá ter durado centenas de milhares de anos, mas o que importa é que a nova espécie se ergueu, transcendendo a natureza, e que a vida se tornou cônscia de si mesma.

A autoconsciência, a razão e a imaginação rompem a "harmonia" característica da existência animal. Seu surgimento transformou o homem em uma anomalia, em um capricho do universo. Ele é parte da natureza, sujeito às suas leis físicas e incapaz de as modificar, mas transcende o resto da natureza. É posto de lado, embora seja uma parte, não tem lugar próprio. Não obstante, segue acorrentado ao lugar que compartilha com todas as criaturas. Lançado neste mundo, em ponto e época acidentais, é compelido para fora dele de novo acidentalmente. Tendo consciência de si, vê sua impotência e as limitações de sua existência. Visualiza o seu próprio fim: a sua morte.

Jamais está liberto da dicotomia da existência: não pode livrar-se do seu espírito, mesmo que o deseje. Não pode livrar-se do seu corpo enquanto for vivo, e seu corpo o faz desejar viver. A vida humana difere a esse respeito de todos os animais.

3 > História, conceitos e polêmicas do desenvolvimento humano

A vida é o que dela fazemos; se nos parece louca e sem significados, talvez tenha culpa a nossa filosofia. Mas todos vamos morrer, direis ainda. Pois decerto. Também o sol se põe todas as tardes, sem prejuízo do seu esplendor no dia seguinte. Todo prazer tem fim, mas antes prazer curto do que nenhum. Talvez tanto nos encante a rosa por ter vida tão breve. Além disso, só tem direito a lamentar a morte quem ama a vida. Para um pessimista, a morte há que ser a maior das bênçãos. Não sejais assim tão hostis à morte.
"Espera, então, viver toda a vida?".
(Autor desconhecido)

O desenvolvimento do indivíduo orgânico, a série de mudanças de forma pela qual cada ser humano passa durante todo o período de sua existência, é imediatamente condicionado pela filogênese ou desenvolvimento da linhagem orgânica (phylon) a qual ele pertence. [...]

Ontogenia é a rápida e curta recapitulação da filogenia, causada pelas funções fisiológicas de herança (reprodução) e adaptação (mutação).

A lei biogenética ou hipótese de recapitulação definiu que "a ontogênese repete a filogênese", nas palavras de Haeckel: "A história do embrião (ontogenia) deve ser completada com uma segunda, da mesma validade, a história da raça (filogenia).[5]

Os princípios da evolução ontogenética seriam, para o autor:

O ovo fertilizado começa como uma única célula (igual à primeira célula viva que surgiu no planeta);

Com as repetidas divisões da célula-ovo, surge um embrião com um arranjo segmentado (a fase "lombriga");

---

5 Haeckel, *A Fase Humana*, 1899.

Os segmentos desenvolvem-se em vértebra, músculos e algo que se aparenta com brônquios (a fase "peixe");

Surgimento de rudimentos de membros (mãos e pés) que parecem servir para nadar, e também aparece um "rabo" (a fase "anfíbio");

Por volta da oitava semana do desenvolvimento, a maioria dos órgãos está quase completa, os membros desenvolvem os dedos e o "rabo" desaparece.

Vivemos a época da emulação, da criação de novos sistemas e de parâmetros cada vez mais complexos, esquecendo, por vezes, que o homem é antes de tudo um vertebrado, mamífero da ordem dos primatas, "homo erectus", e que, só muito tempo depois, se tornou "homo sapiens".

> **Behaviorismo**

O período de duração da vida do ser humano tem sido dividido por vários autores em estágios de desenvolvimento, tais como: fase pré-natal do recém nascido, primeiro ano de vida, pré-escolar, adolescência, adulto jovem, adulto médio e senescência.

Um estágio de desenvolvimento segundo vários autores deve ser considerado como um período de tempo no qual o ciclo vital é definido por uma reunião particular de características físicas, emocionais, intelectuais e sociais.

O recém-nascido, partindo da sensibilidade orgânica, encontra na sensibilidade emocional a primeira forma de consciência, de onde, paradoxalmente, emergirá a consciência reflexiva, endereçada ao conhecimento objetivo da realidade. Inicialmente, incapaz de agir sobre o mundo físico, a criança atua sobre o ambiente humano durante alguns anos, a fim de satisfazer suas necessidades. Esta comunicação emocional, imediata e primitiva, permitirá o acesso à linguagem simbólica, o contato com o mundo humano, isto é, como o mundo da cultura, colocando à disposição da criança o produto da acumulação histórica.

A evolução da pessoa se faz conforme uma fase anabólica, de acúmulo de energia para a construção do eu, e outra catabólica, de valor energético e elaboração da realidade interna.

Na primeira etapa, ocorre o predomínio das relações com o mundo humano, isto é, da vida afetiva, e, na segunda, o progresso do conhecimento do mundo físico, de caráter intelectual, que surge após a afetividade.

No período de mais ou menos três meses após o nascimento são observados reflexos e movimentos impulsivos, ou seja, simples descargas motoras sem objetivo exterior, que acompanham estados de bem-estar ou desconforto.

Segue-se uma etapa emocional, em que a movimentação automática e a impulsiva, alimentadas pelas noções do ambiente humano, vão adquirindo seu poder comunicador. Desta maneira, por volta dos seis meses, já se pode distinguir na mímica infantil todas as emoções básicas – alegria, medo, espanto e tranquilidade, como o poder de atuar sobre o ambiente humano, representado pela mãe, de quem consegue a satisfação de suas necessidades, usando essa expressividade emocional.

No final do primeiro ano, começa a dominar a atividade de exploração sensório-motora. A marcha lhe possibilita maior autonomia e a criança torna-se um ser cognitivo, usando o conhecimento perceptivo e motor.

A partir da segunda metade do segundo ano em diante, o instrumento simbólico da fala começa a substituir a manipulação, até que a função verbal complete as dimensões do eu psíquico, que dos três aos seis anos conseguem a autoconstituição.

O desenvolvimento da pessoa não se inicia cognitivamente, como já foi referido, durante quase todo o primeiro ano, a atividade infantil está voltada para a sensibilidade interna, inicialmente visceral, e depois afetiva. Antes de modificar o ambiente físico, a ação da criança ocorre sobre o meio humano, sendo desde o início um ser social essencialmente emocional.

A adolescência constitui uma etapa importante que separa a infância da fase adulta, recolocando a afetividade no primeiro plano, de maneira a monopolizar todas as disponibilidades do indivíduo. Trata-se de uma etapa em que o adolescente deve descobrir que a vida social precisa ser orientada por valores espirituais e morais, fundamentais a uma vida plenamente realizada.

Erikson trata da evolução psicossocial, desenvolvida até a velhice e divide a duração da vida em oito estágios psicossociais de desenvolvimento, cada um dos quais envolve um conflito ou crise que tem se ser resolvido.

Os conflitos surgem à medida que o ambiente faz novas exigências. Somente quando a crise de cada estágio é resolvida, isto é, a personalidade modifica-se, então a pessoa tem energia suficiente para enfrentar o novo estágio de desenvolvimento.

A resolução adequada dos conflitos de uma fase é condição necessária para a transição da fase seguinte. Assim, o desenvolvimento pode ser influenciado e dirigido conscientemente em cada estágio, contrastando com a concepção de Sigmund Freud de que cada um é produto das experiências infantis e incapaz de mudar mais tarde. Embora reconhecesse a importância das experiências na infância, Erikson acreditava que os eventos de estágios ulteriores podem se contrapor às experiências infantis negativas, e complementou os estágios freudianos estabelecendo oito estágios, correspondendo a uma crise de natureza social e não apenas psicossocial. Diferentemente de Freud, esses estágios atingem até a senescência. Assim, uma variedade de atividades sexuais como a masturbação, as experiências homossexuais e heterossexuais, têm sua frequência aumentada na adolescência.

Não é fácil obter estatísticas precisas sobre comportamentos homossexuais, mas os pesquisadores sugerem que, frequentemente, acontecem nos últimos anos da infância, principalmente entre os meninos. Contudo, não foram sugeridas bases para se afirmar que o comportamento homossexual na infância é indício de orientação homossexual na fase adulta.

A masturbação tem sido assinalada como a prática sexual mais frequente na adolescência, como meio de liberar-se das tensões sexuais e de exploração da satisfação individual, não sendo mais considerada como uma atividade sexual doentia, mas também sendo a atividade sexual menos estudada.

Entretanto, em qualquer idade os adolescentes podem masturbar-se sem sentir-se culpados, bem como adultos também podem masturbar-se sem culpa. As porcentagens bem mais altas estão entre os homens, mais do que entre as mulheres. A atividade sexual, incluindo masturbação e homossexualidade, pode também continuar na velhice.[6]

---

6 Erik H. Erikson. *O ciclo de vida completo*, 1998.

> Desenvolvimento humano

"Desenvolvimento" é um termo usado para indicar um número de mudanças diretas em certo período de tempo. Aqui, também posso distinguir entre "mudança", "crescimento" e "desenvolvimento".

Uma das principais teorias do desenvolvimento humano, que causou grande impacto é a teoria psicanalítica de Sigmund Freud (1856-1939), médico austríaco e pai da psicanálise. Em 1896 Freud introduziu o conceito de psicanálise para designar seu método de investigar o passado e desvendar experiências traumáticas e mórbidas. Freud sentiu-se satisfeito com sua livre associação e análise do passado somente quando passou a entender a gênese dos sintomas de seus pacientes nos anos iniciais da primeira infância. As proposições de desenvolvimento e a distribuição de energia psíquica entre o id, o ego e o superego constituem o núcleo da psicanálise freudiana.

A sexualidade humana é a fonte básica a ser descarregada em objetos, acompanhada de experiências agradáveis. A libido tem a energia que alimenta Eros, termo usado para denotar os impulsos sexuais e eróticos.

Na primeira infância, o id gera impulsos e desejos ligados ao pai ou à mãe, sempre em cruzamento sexual. Ocorrem as lutas de Édipo e os conflitos resultantes. Freud introduziu também o conceito de Tânatos ou instintos da morte, porém jamais explicou precisamente sua fonte de energia. De fato, o instituto da morte jamais foi incorporado no conceito freudiano da personalidade que consiste no id, ego e superego.

Eros e Tânatos atuam dentro do id, mas não se limitam a este. Primeiramente, a energia libidinosa opera no nível do id, marcada pelo princípio do prazer. O ego faz a realidade dos desejos, diferenciando da realidade da situação.

O superego é comparável com uma forma primitiva de consciência. O conflito edipiano é resolvido pelo crescimento do superego, quando a busca da criança por aprovação se expande para incluir um dos pais do mesmo sexo. Ocorrem conflitos dentro desse contexto, baseados no vigor de cada segmento.

As influências fundamentais são: o crescimento do ser humano, seu comportamento e personalidade, que geralmente são considerados como determinadores pela hereditariedade e pelo ambiente.

O que o indivíduo herda organiza seu genótipo. Com a descoberta do código genético, aumentou bastante o potencial para o controle genético do desenvolvimento humano pela habilidade dos cientistas em manipular as moléculas do DNA e do RNA, proteínas e aminoácidos.

A mudança nos diz que nada é estático, pois se move na correnteza do tempo.

O crescimento é uma mudança sistemática na qual o aumento quantitativo em número, tamanho ou peso de um elemento tem lugar dentro do mesmo sistema. É como crescer em peso e dimensões, em área e população e assim por diante.

No desenvolvimento ocorrem mudanças estruturais em pontos críticos, através do sistema. Desenvolvimento é uma mudança que ocorre no mesmo sentido, dirigida pelas leis da maturação. O desenvolvimento é fundamentalmente biológico. Cresce quantitativamente em um organismo e atinge um limite além do qual a sua existência original simples não é mais capaz de mantê-lo. O crescimento contínuo significa então, por exemplo, a desintegração do organismo na forma biológica.

O desenvolvimento ocorre até nos mais simples dos organismos vivos. É uma forma que começa com um processo repetitivo de divisão celular e diferenciação para formar órgãos, conduzindo à forma global que o organismo deve assumir até o estágio de amadurecimento.

Segue-se então esse estágio de equilíbrio entre amadurecimento e declínio, fase na qual o organismo adulto funciona como tal. Finalmente há um terceiro estágio no qual o declínio predomina acentuadamente até que a morte ocorra finalmente.

Os animais têm o mesmo ciclo vital de maturação, equilíbrio e declínio, embora cada espécie tenha seu próprio tempo de vida. Dizemos que a vida animal é cronotipicamente determinada se considerarmos a estrutura de um organismo um processo de definição descontínuo. O desenvolvimento passa a ser o crescimento de uma para outra crise estrutural.

O biológico é sempre dirigido com uma finalidade. Todo ser vivo se desenvolve em direção a um fim, na direção da forma predeterminada dos organismos adultos com amadurecimento, equilíbrio e declínio, todos desempenham seu papel.

Esses padrões de desenvolvimento podem ser mencionados da seguinte maneira, também retratados por outros autores quase que da mesma forma. São eles: desenvolvimento biológico, psicológico e espiritual.

Na juventude, e durante o período expansivo da idade adulta, a criatividade desempenha o principal papel no desenvolvimento espiritual.

Na segunda metade da vida esse papel é assumido pela sabedoria. O espírito é simultaneamente criatividade e sabedoria. Portanto a alma também é simultaneamente criatividade e sabedoria. Ademais simultaneamente extroversão e introversão são a inspiração do mundo. São como os movimentos cardíacos diástole e sístole.

Tanto os cientistas como os artistas sabem que a inspiração não pode ser forçada. A inspiração vem somente quando o esforço pela paz de espírito a ativa. O resultado imediato é deixado em segundo plano. A paz de espírito ativa é obtida deixando-se as emoções descansarem, impondo silêncio a todos os pensamentos associativos e renunciando a todos os resultados desejados. É a coisa mais difícil para o ser humano conseguir.

Se a inspiração se manifesta na alma, isso é então a manifestação da sua expressividade mais essencial. Se a inspiração vem, seu efeito em mentes extrovertidas é a criatividade. Em geral, a mente introvertida, por outro lado, a converte em sabedoria.

Dizendo isso, uso o termo "sabedoria" para abranger não apenas a sabedoria do sistema filosófico, mas essencialmente a sabedoria da vida que pode ser encontrada em qualquer nível, classe e grau de aprendizado.

A sabedoria também se aplica com certeza à insensatez. Na segunda metade da vida a insensatez sempre surge da incapacidade de esperar, uma incapacidade para ver as coisas em perspectiva, que conduz às decisões apressadas e que, consequentemente, leva por fim ao desastre.

As polaridades às quais me referi possuem todas um meio, e não apenas um equilíbrio estacionário de duas forças distantes. Nos dois caminhos da vida em si mesma, uma força ativa no homem aquilo que em verdade é a essência da existência humana.

Como diz Guardini, a vida não consiste numa série ligada de partes avulsas, mas é uma totalidade única que está presente em qualquer dado momento do seu curso. Assim, tem um efeito ao longo do tempo. A luz da vida enfraquecerá e um dia será extinta, pois tudo que acontece está se movimentando em direção ao seu final. Um final que hoje chamamos de morte.[7]

---

[7] GUARDINI, R. *As idades da vida*: seu significado ético e pedagógico junto com a aceitação de si mesmo. Trad. João Câmara Neiva. S.Paulo. Ed. Palas Athena. 2ª. Ed., 1990.

Cada fase existe para o benefício do todo e para o benefício de qualquer outra fase. Se for prejudicado tanto o todo como a fase, o indivíduo sofrerá.

Um estudo excelente do caminho da vida humana, que é mais detalhado e em minha opinião mais penetrante que o de Charlote Bühler[8], foi escrito por outra mulher, Marta Moers, e intitula-se *As fases evolutivas da vida humana*[9]. Suas descrições se caracterizam por extraordinária meticulosidade e particularmente discute as relações entre o trabalho e os valores. Coincidem muito com as opiniões de outros autores ou filósofos que já li.

---

8 Charlotte Bühler. *El curso de la vida humana como problema psicológico*. Espasa-Calpe. Madrid, 1943.
9 Martha Moers. *Las fases de desarrollo de la vida humana*: Un estudio psicológico como base para la educación de adultos. Ratingen. Aloys Henn, 1953.

4 >
Concepção, fecundação, fase embrionária e período fetal

A atribuição de gênero ao nascer, seguida de confirmação, influencia as capacidades e sentimentos cognitivos em expansão na criança.

Vestido ou despido, o indivíduo se vê constantemente como do sexo masculino ou feminino. O reforço social fomenta ainda mais a identidade de gênero em maior extensão do que os mecanismos de identificações posteriores, o temor da castração ou a inveja dos órgãos genitais do macho.

O final da adolescência tem a função de determinar a identidade adulta em suas principais dimensões sexuais. A tarefa de conseguir sexualidade normal é crítica para esta fase. Uma vez estabelecidas, essas atitudes fundamentais tendem a persistir e são transformações difíceis.

Os seres humanos têm componentes masculinos e femininos, mas os elementos de um deles geralmente predominam e os dados biológicos do nascimento, em geral, são suficientes para atribuição de seu gênero.

A definição da identidade sexual constitui uma das tarefas de maior importância do desenvolvimento humano. Muitas vezes, o sexo é definido pelo comportamento autoerótico durante os primeiros anos de vida e pelas expressões sexuais durante os anos da adolescência. A definição do papel sexual de uma pessoa contribui muito para a formulação da individualidade do sexo do adulto.

A viabilidade do organismo (capacidade para sustentar a vida fora do útero materno) e sua própria sobrevivência depois do nascimento, dependem do tempo e coordenação de vários fatores. O desenvolvimento da criança começa na concepção, cerca de nove meses antes do nascimento. Duas circunstâncias precedem a concepção da fecundação: a ovulação, isto é, a liberação de um óvulo amadurecido (algumas vezes, dois ou mais), do ovário para as trompas de falópio, quase sempre em meio ao ciclo menstrual e à ejaculação do sêmen, um fluido com alta densidade de esperma e vitalidade, dentro da vagina, nas proximidades do colo do útero, dentro de aproximadamente dois ou três dias antes e até um dia após a ovulação.

Ocorre a fecundação quando um, dentre os milhões de espermatozoides, migra através do colo uterino, sobe pela trompa de falópio e penetra na membrana do óvulo que vem descendo. Depois da fecundação, as paredes uterinas, através dos hormônios liberados pelos ovários, preparam-se para receber o ovo fecundado, o zigoto que desce para o útero e implanta-se nas suas paredes, se seu recebimento for suficientemente receptivo.

Do advento do ciclo menstrual até a menopausa, quando termina o ciclo de fertilidade, é contínua esta preparação mensal para a recepção do ovo. Com a implantação completa do zigoto na parede do útero, tem início o período embrionário.

O crescimento humano prossegue com grande rapidez durante o período embrionário. Nesta fase, surgem três camadas distintas de tecidos, cada qual com funções específicas. No final do segundo mês, as funções humanas do embrião se tornam em cerca de 95% dos órgãos com características fisiológicas já formadas.

Há formas rudimentares do sistema nervoso, inclusive o cérebro, a medula espinhal e os órgãos receptores especializados. O feto é um macho ou uma fêmea que tem desenvolvimento rápido.

Os recém-nascidos, pesando menos do que dois quilos e meio, são crianças nascidas prematuramente e precisam de incubadoras e tratamento especial para que possam sobreviver.

Na luta para chegar primeiro, não deu outra, chegaram iguais e na mesma hora, porém em dois óvulos. Duas vidas. Gêmeas bivitelinas.

5 >
**O ser humano
ao nascer**

Quando o feto desce para a cavidade abdominal mais baixa, é provável que ocorra o parto em menos de duas semanas. No momento em que as contrações uterinas se tornam mais fortes e regulares, está ocorrendo o processo do parto.

O início da vida após o nascimento é principalmente a ocasião para que a criança se relacione e se ajuste às várias situações.

O choro ao nascer, a inalação e exalação de ar através das cordas vocais marcam o começo da comunicação, os sinais do nascimento da vida, e o começo da comunicação vocal do bebê quanto às suas necessidades e estados emocionais.

A criança quer alimento, sente prazer ao ingeri-lo, sente ira quando controlada ou perturbada e pode estremecer ou assustar-se.

Todas essas emoções continuam no decorrer da vida e não há estudos recentes sobre o assunto. A questão da emocionalidade logo no início da vida não pode ser resolvida.

Uma condição conhecida como cólica pode causar muita ansiedade nos pais.

A cólica nas crianças pequenas é caracterizada por um ataque de choro súbito e persistente e o encolhimento dos joelhos em direção ao abdômen. Este fica tenso e distendido.

Amiúde, a causa é uma perturbação digestiva. Pode ser ar nos intestinos, que a criança engole durante a amamentação, não eliminando por arroto; geralmente esta cólica pode ser aliviada quando a criança consegue expelir o ar pelo reto.

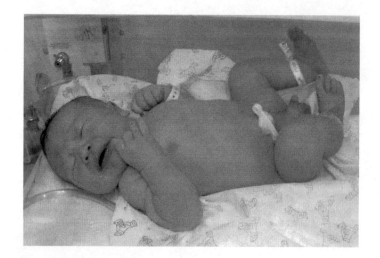

...E foi assim, surgiu na descendência uma vida fecundada em um único óvulo.

Que maravilha, que alegria, quanta felicidade nesses olhinhos que se abriram para ver passar o mundo. E eles estão vendo passar... e tão rapidamente, olhando de frente a vida que surgiu de uma descendência, de um fragmento mínimo, mas que gerou muita felicidade e que foi desabrochando.

> Desenvolvimento da criança

Desenvolvimento é um termo usado para indicar um número de mudanças diretas em certo período do tempo.

A palavra "mudança" nos conta apenas que nada é estático e que tudo se move na correnteza do tempo.

Desenvolvimento é o crescimento no qual mudanças estruturais ocorrem em pontos críticos, através do sistema. De acordo com Charlotte Bühler, desenvolvimento é uma mudança que ocorre numa só direção, dirigido pelas leis da maturação. "O desenvolvimento é fundamentalmente biológico".[10]

---
10 Charlotte Bühler, op.cit.

O desenvolvimento ocorre até no mais simples dos organismos vivos. Este começa com processo repetitivo de diversas células e diferenciação para formar órgãos, conduzindo à forma global que o organismo deve assumir. É o estágio de amadurecimento.

Segue-se então um estágio de equilíbrio entre amadurecimento e declínio, a fase na qual o organismo adulto funciona como tal.

Finalmente há um terceiro estágio no qual o declínio predomina acentuadamente até que a morte ocorra.

Os animais têm o mesmo ciclo vital de maturação, equilíbrio e declínio, embora cada espécie tenha seu próprio tempo de vida. Dizemos que a vida animal é cronotipicamente determinada. Um cachorro pode viver até doze ou quinze anos; o tempo de vida humana, outrora setenta anos, é agora um pouco maior que isso.

Se considerarmos a estrutura de um organismo em processo de desenvolvimento, ele é por definição descontínuo.

Desenvolvimento é o crescimento de uma para outra crise estrutural. Aqui podemos novamente distinguir vários estágios:

- crescimento de todo o organismo (ou de partes dele);
- diferenciação e formação de órgãos: funções inicialmente preenchidas igualmente através do sistema são agora concentradas e refinadas em subsistemas (órgãos);
- hierarquização: alguns órgãos assumem a função de governar outros. Isto também é conhecido como integração hierárquica;
- Integração: um novo sistema é formado e o organismo como um todo funciona agora com um grau maior de complexidade e num nível mais elevado. O desenvolvimento biológico é sempre dirigido com finalidade. Todo ser vivo se desenvolve em direção a um fim, na direção da forma predeterminada do organismo adulto.

Amadurecimento, equilíbrio e declínio, todos desempenham um papel. Essa regra se aplica a todos os organismos vivos, incluindo o homem, cujo ciclo de situações de equilíbrio entre o amadurecimento e o declínio examinaremos mais tarde.

No homem ocorre simultaneamente um certo número de desenvolvimentos; todos têm padrões próprios, mas cada qual influencia os demais. Esses três padrões de desenvolvimento podem ser mencionados da seguinte forma:

- biológico;
- psicológico;
- espiritual.

Assim que começamos a falar sobre desenvolvimento psicológico e espiritual, nos encontramos numa área de controvérsia. As várias escolas diferentes de pensamento ainda estão envolvidas no conflito frequentemente travado com cada lado que proclama estar absolutamente certo, discriminando qualquer outra opinião ou enfoque que não seja o seu.

Para o benefício da discussão subsequente, gostaria de acrescentar que o pensar está mais diretamente ligado ao mundo do espírito, enquanto o querer está mais intimamente envolvido com o mundo físico do corpo. O sentir está no centro, sendo, para muitos, a verdadeira qualidade da psique.

Durante a fase intermediária da vida, como veremos mais adiante, o pensar, o sentir e o querer são individualizados pelo eu superior, de modo que se tornam a "alma" da sensação, a "alma" do intelecto e a "alma" da consciência. Produz intuição.

O espírito humano é vivenciado como nosso próprio eu. Como eu superior, tanto consciente quanto inconsciente dirige a nossa biografia. O espírito visa ao objetivo da vida, sendo sempre dirigido para o fim. Na alma, esse objetivo pode ser vivenciado como um chamado, pensado como um plano de vida ou desejado como um caminho de vida. Um objetivo na vida pode ser preenchido gradualmente. A realização é uma experiência existencial de felicidade ou de alegria, não necessitando de nova satisfação, ao contrário da satisfação de um desejo.

A sabedoria não vem de atividade dirigida para fora, mas de ser capaz de esperar e de ser, da moderação, de uma ativa paz de espírito. A juventude tem pouca paciência, as coisas precisam acontecer agora. Uma pessoa sábia aprende que o discernimento ocorre se não temos pressa, que tudo precisa de tempo. A sabedoria é baseada na inspiração e a inspiração é, literalmente, "respirar para dentro". Sabedoria é inspirar, enchendo-se de espírito, como normas e valores, com significado, com humanidade e super humanidade, com fé, esperança e caridade.

O espírito é simultaneamente criatividade e sabedoria. Portanto a alma é simultaneamente extroversão e introversão, a expiração e a inspiração do mundo.A paz de espírito ativa é obtida deixando as emoções descansar, impondo silêncio a todos os pensamentos associativos e renunciando a todos os resultados desejados.

Entre o crescimento e o declínio biológico há um estado de boa saúde e entre a criatividade espiritual e a sabedoria há a felicidade humana e a plenitude.

Com a descrição fenomenológica dos caminhos da vida humana, examinaremos, mais adiante, os campos de tensões citados acima. Estes desempenham papéis diferentes em várias fases de nossas vidas.

Quanto às imagens do homem que têm sido comuns em nossa sociedade, veremos que cada uma dessas imagens coloca a ênfase quer no desenvolvimento biológico, quer no psicológico, quer no espiritual. Meu próprio ponto de vista é o de que todos os três fornecem dados legítimos sobre o caminho da vida humana. Apenas quando consideramos as três interações é que o quadro se torna mais completo.

6 >
Fases da vida: crises e desenvolvimento da individualidade

> A divisão da vida em fases

> *"Cada período da vida tem sua característica própria, seu próprio propósito. Encontrá-lo e aceitá-lo é um dos problemas vitais, relacionados com a vida".*
> (Erich Stern)

O caminho da vida humana dividido em fases tem sido um ponto de controvérsia há algum tempo. Uma visão é a de que não há fases, e de que cada desenvolvimento é um deslizar gradual de condição para condição, imperceptível para alguém acompanhar de perto a biografia dia a dia. Além disso, algo como a crise da puberdade descrita por psicólogos do desenvolvimento é vista como um assunto artificial, determinado culturalmente, resultante da maneira pela qual a cultura ocidental enxerga a maturação social e sexual.

A mais conhecida entre as mulheres que escreveram sobre o caminho da vida é Charlotte Bühler[11]. Ela distingue cinco fases da vida, idênticas a de outros, como exemplo as de Rünke. Mais importante, entretanto, que a divisão em períodos, é a visão de Charlotte de que cada indivíduo tem um leitmotiv, ou motivo orientador, dirigido para um alvo e para a escolha, e chama de plenitude a realização bem sucedida dos valores de vida.

Uma contribuição particular para nossa compreensão do caminho da vida humana foi feita pelo filósofo Romano Guardini, no seu livro *As idades da vida*.[12] Contém uma riqueza de sabedoria humana e de percepção cuidadosamente formuladas.

---

[11] Charlotte Bühler, op.cit.
[12] GUARDINI, R. *As idades da vida: seu significado ético e pedagógico junto com a aceitação de si mesmo*. Trad. João Câmara Neiva. S.Paulo. Ed. Palas Athena. 2ª. Ed., 1990.

Suas descrições se caracterizam por extraordinária meticulosidade e mostram algumas ideias extremamente originais.

Cada degrau psíquico se torna uma passagem, como é chamada pelos fenomenologistas.[13] A maturidade é uma fase da vida de considerável turbulência, pois biologicamente, ela pressagia o início do declínio da força vital. Para as mulheres é claramente marcada como o fim da fase fisicamente criadora. Para os homens é uma fase de necessidades sexuais intensificadas, as quais geralmente são mal interpretadas por suas esposas.

Psicologicamente, estes anos significam períodos de dúvida, desorientação e tendência para soluções ilusórias, com breve etapa de felicidade. No seu psiquismo, estes anos significam lutar com o vazio, com a sensação de ter perdido todo o antigo terreno e ainda não ter encontrado nenhum novo. A reação a esse estado de coisas pode variar enormemente. Para muitos, que não estão preparados, a situação é um choque e uma prova de fraqueza, e precisa ser afrontada mediante um trabalho com muita insegurança e vários riscos, como aventuras sexuais, bebidas alcoólicas ou sentar-se passivamente na frente da televisão, também procurando um "bode expiatório" para culpar, esposas ou maridos, filhos, etc.

A descoberta da vitalidade em declínio, a crescente dificuldade para decidirmos "coisas" a par da vaga insatisfação com a nossa própria situação, é um ataque à vivência do eu. É compreensível o fato de Martha Moers afirmar que aquilo que chama de quarta ou última fase da vida ter certa disposição para a crise. Ela traça uma analogia com a puberdade, que também é precedida por um período de confiança interrompido bruscamente pela descoberta de que não conhecemos nem a nós mesmos nem à vida. Mas a grande diferença é que nossa puberdade ocorre durante uma linha vital ascendente, enquanto a segunda ocorre durante uma linha vital descendente.[14]

Embora em ambos os casos a primeira harmonia da vida esteja em perigo, a essência da crise agora é bem diferente. Antes, era uma ruptura de barreiras, com poder adentrando a realidade da "vida"; agora, com redução do poder, é uma crescente incerteza sobre o valor daquela mesma "vida". A redução do impulso é

---
13 Bernard Lievegoed, p. 62
14 Martha Moers, op.cit.

causada pelo início do processo de involução de todos os tecidos do corpo. Cada órgão no corpo humano tem sua própria curva vital.

As glândulas endócrinas, tanto em homens como em mulheres, começam a deixar de funcionar, mas o curso que esse processo toma é extremamente diferente nos dois sexos. São muitos os sintomas em ambos os sexos. Os sintomas são resultado de uma mudança no equilíbrio hormonal mantido pelos órgãos de secreção internos. Em resumo, o velho equilíbrio está perdido e se passam vários anos antes de que esse novo equilíbrio se tenha estabelecido. É nesse momento que todos os sintomas da menopausa desaparecem. A mulher se sente renascida e experimenta nova e ilimitada energia para viver.

A andropausa toma um rumo diferente. As necessidades sexuais aumentadas dos homens podem ser encaradas como uma pré-andropausa, que geralmente ocorre por volta dos 40 ou 50 anos. O desassossego mental que a acompanha é provavelmente influenciado pelas mesmas mudanças hormonais.

Por outro lado, todavia, a andropausa progride muito lentamente, e presume-se não estar completa como uma involução até bem depois da segunda metade da década dos 50 anos. Os sintomas físicos são acompanhados de uma falta de estabilidade na vida emocional, um súbito lacrimejar nos olhos ou um nó na garganta quando algo, as emoções, ataques e palpitações (taquicardia) que duram de poucos minutos a um quarto de hora e causam considerável abalo mental, dando a impressão de ser uma ameaça à vida. Aos 55/60 anos isso é compreensível, tanto nos pacientes como no ambiente de trabalho. O caminho mais seguro, apesar de tudo, é fazer um check-up do coração.

A involução hormonal pode durar outros 10 ou 20 anos. Uma das consequências é a "queixa do homem idoso": a hipertrofia da próstata (inchaço da próstata), que aparece quando as funções dos testículos cessam. Outro desagradável efeito colateral é o declínio hormonal das glândulas reprodutoras.

Homens idosos podem algumas vezes ser perturbados por fantasias sexuais, sobretudo antes de adormecer e antes de acordar. Para alguns homens, essas fantasias podem tornar-se uma obsessão, porque moralmente as pessoas em questão as condenam. Tais homens somente falarão de seu problema em conversas altamente confidenciais.

No psiquismo, há o conflito entre o anseio de ser jovem novamente, começar de novo aos 20 anos e reviver a fase expansionista inteira, só que melhor desta vez. Com ajuda das experiências adquiridas, o desejo de avançar para o verdadeiro tema da vida, a realização do próprio leitmotiv e para a certeza de uma realidade fisiológica que lhe possa corresponder.

O desejo de ser jovem novamente (como uma camuflagem para a aspiração interna a algo de novo na vida) pode levar à projeção externa dessas necessidades. Muitos homens começam a usar roupas extravagantes e de estilo jovem, a caminhar com agilidade, a tentar ser "o principal da festa" e assim por diante. Algo do "galo" no homem se torna visível.

Porém as mulheres também começam a frequentar o salão de beleza para um rejuvenescimento. Elas esperam que possam passar por irmãs mais velhas das suas filhas. A ilusão de começar de novo deve com certeza ter repercussões eventuais, embora haja homens e mulheres capazes de manter a ilusão por muito tempo.

Uma reestruturação que eu chamo de maturidade psíquica é solicitada. Este processo é acompanhado por uma maneira diferente de vivermos o tempo. Até a idade dos 40 anos, nós temos apenas um futuro; tudo é possível, a realidade ainda está por ocorrer. Agora, entretanto, aquele futuro adquire um novo horizonte: faltam 25 anos para a aposentadoria, e então? O que fazer?

Ademais, o tempo passa mais e mais rápido, contra um passado que cresce cada vez mais longe. A contribuição feita pela vontade de trabalhar se torna acentuadamente mais fraca, especialmente para o trabalho com um conteúdo que muda rapidamente. Assim, se os 50 não são a última chance, apesar de tudo constituem um período especial com significativas possibilidades para a maturação.

> Desenvolvimento da sexualidade

A atribuição de gênero ao nascer, seguida de confirmação parenteral e social, influencia as capacidades e sentimentos em expansão na criança. O indivíduo se vê constantemente como do sexo masculino ou feminino. O final da adolescência serve para determinar a identidade adulta em suas principais dimensões e papéis sexuais.

Surge a autopercepção durante o segundo ano de vida, que gera uma busca, que dura a vida toda, para encontro de modelo do eu e da identidade.

A sexualidade humana apresenta esforços de diferentes graus de identidade. O ser humano está integrado em seus sistemas orgânicos e desdobra seus poderes comportamentais.

Nos seres humanos os genitais são diferenciados pelo terceiro mês do desenvolvimento pré-natal. A estrutura e funcionamento do sistema reprodutivo permanecem relativamente sem modificação da infância até iniciar-se a adolescência.

Após o nascimento as estruturas se tornam refinadas e suas funções comportamentais se multiplicam de modo decrescente no decorrer da primeira e segunda infância e da adolescência. Em seus aspectos estruturais o crescimento fisiológico é um processo altamente desigual.

A diferenciação pré-natal extremamente rápida é seguida por uma divisão funcional dentro do organismo em crescimento. O platô para o crescimento dos órgãos sexuais durante a segunda infância e o encolhimento da glândula do timo depois da puberdade são exemplos da descontinuidade no crescimento estrutural.

A decadência da maioria das estruturas fisiológicas e as perdas funcionais resultantes começam na parte intermediária da vida adulta e se intensificam durante a senectude.

A puberdade é iniciada quando os sinais hormonais do cérebro estimulam as glândulas sexuais, ovários ou testículos, para secretar os hormônios sexuais. Esses hormônios são também os responsáveis pelas modificações físicas como mudança nas formas do corpo, aparecimento dos pelos, ejaculação, menstruação, etc.

O ser humano cresce e amadurece à medida que as dimensões básicas do organismo e da personalidade se desenvolvem, cada qual em seu próprio tempo e ritmo.

A emoção e o choro no nascimento diferenciam-se em um espectro complexo de emoções socialmente desejável, elevado durante o início da segunda infância e adolescência e diminuído depois da consecução da maturidade adulta.

7 >
As fases da vida com abordagem por três ângulos, vista por outros filósofos e estudiosos do assunto

> As fases da vida com essa abordagem também biológica, psicológica e espiritual

A fase biológica ocorreria do nascimento até o primeiro aumento de altura e a segunda dentição, e da segunda dentição até a puberdade. Na puberdade há períodos de encorpamento (aquisição de mais largura e peso) enquanto o aumento de altura é lento, alternando com fases de estiramento (aumento do comprimento). Os períodos de estiramento situam-se imediatamente antes da segunda dentição e imediatamente antes da puberdade. A nutrição tem um efeito importante no tamanho final do corpo, mas não no ritmo das fases de desenvolvimento. Sua influência é máxima durante as fases críticas para órgãos diferentes, para o cérebro, por exemplo, durante os primeiros cinco meses de vida.

Ainda há considerável crescimento no número de células cerebrais, e só depois desse período ocorre um aumento no tamanho dessas células. Se durante essa fase o cérebro é submetido à subnutrição, não haverá, subsequentemente, nenhuma possibilidade de reparação do prejuízo, ao passo que, mais tarde, quando as células estão aumentadas de tamanho, é possível compensar a subnutrição temporária. Assim, é extremamente importante otimizar o cuidado durante a infância, problema de importância crucial para o desenvolvimento.

A curva descrita anteriormente mostra uma média de crescimento, equilíbrio e declínio. Cada sistema orgânico tem sua curva cronotípica própria. A maior parte das pessoas sabe que, por exemplo, perto dos 40 anos, a lente do olho se torna menos flexível, a acomodação diminui e óculos para leitura se tornam frequentemente necessários.

Para o ouvido a situação é diferente: da idade de 19 anos em diante a escala de notas que o ouvido humano pode ouvir se torna menor. Em outras palavras, quando envelhecemos ouvimos cada vez menos as notas mais altas e as mais baixas. A escala auditiva é muito facilmente determinada. O exame realizado é chamado de audiometria.

O período de involução é caracterizado pelo declínio na elasticidade de todos os tecidos do corpo. Não apenas a lente do olho, mas também o sistema pulmonar se torna menos flexível, assim o volume de ar que alguém é capaz de inalar numa única inspiração se torna manifesto como uma perda de fôlego.

As paredes dos vasos sanguíneos se tornam rígidas e até começam a degenerar. Na artéria coronária essa diminuição de funcionamento é extremamente perigosa, conduzindo como frequentemente ocorre a um ataque cardíaco, no qual as paredes da artéria gradualmente se degeneram e os vasos sanguíneos ficam obstruídos.

As próximas perguntas que temos de fazer então são estas: a curva psicológica e, mais tarde, a curva espiritual ocorrem paralelas à curva biológica? Elas a acompanham ou são independentes dela?

> Caminho psicológico da vida

O desenvolvimento espiritual do homem se expressa inicialmente na consciência do eu que desperta no fim da fase de aprender a andar, na fase da vivência do eu, na fase escolar e no impulso para a realização do eu na adolescência.

Após a idade de 40 anos, ele se encontrará em uma crise existencial. Os ritmos biológicos no desenvolvimento têm seu mais profundo efeito no período anterior à maturidade. O desenvolvimento psicológico se manifesta claramente com uma extrema lógica própria durante a fase intermediária. Já o desenvolvimento espiritual é característico da fase final da vida.

A adolescência é o despertar da personalidade do indivíduo, e constitui o eixo em torno do qual tudo gira. Se isso não acontece, o indivíduo se torna dependente e mantém uma atitude de rebeldia em relação a tudo que enxerga como autoridade.

As tarefas do indivíduo nesse estágio de sua vida incluem, portanto, a unificação da sexualidade (biológica, como o erotismo psicológico).

> As idades da vida

Por volta dos 20 anos o indivíduo é responsável por suas próprias ações. Ao dividir a vida em fases surge um problema: não é possível determinar o momento exato das transições.

A fase organizacional é uma fase bem diferente das anteriores. A juventude agora é passado. A tarefa séria de viver o agora se traduz na busca de "esforços objetivos". As mudanças de emprego em anos anteriores tendem a cessar.

Com idade já avançada, Goethe descreveu as fases da vida nesses termos: "A criança é um realista. O jovem um idealista. O homem adulto é um cético. O homem idoso um místico".

A transição da sexualidade, da homossexualidade para a heterossexualidade ou vice-versa, ocorre como parte normal do desenvolvimento e é compreensível nessa fase de transição que possam surgir perturbações do padrão sexual. Se as primeiras experiências sexuais do indivíduo são repugnantes, traumatizantes ou agressivas, outras experiências sexuais podem fugir do padrão. As alterações descritas podem levar à fixação na homossexualidade.

A atitude do indivíduo agora é mais intelectual. O impulso de expansão ainda está lá e ainda é mantido com considerável vitalidade. Mas agora é o aspecto intelectual que começa a predominar. Por volta dos 30 anos, o indivíduo já efetuou a primeira autoavaliação: sabe o que quer, sabe do que é capaz, onde estão seus problemas e o que provavelmente será inatingível.

A década dos 20 anos foi um período fértil para testar suas próprias aspirações. É o momento em que ele precisa desenvolver um plano de campanha.

Rudolf Steiner chama isso de desenvolvimento da "alma do intelecto".[15] Martha Moers usa o termo "esforços objetivos".[16] Temos novamente dois modos de expressar a mesma coisa.

Por volta dos 28 anos, o homem precisa conscientizar-se de que a forma juvenil de "Eros" dentro dele está desaparecendo. Aos 35 anos, está em sua capacidade de trabalho plena, com certeza, em termos quantitativos. Em sua estrutura, ele

---

15 Rudolf Steiner. *Noções básicas de Antroposofia*. Antroposófica. São Paulo, 2005.
16 Martha Moers, op.cit.

elaborou considerável autoconfiança. Sabe o que irá alcançar e está se esforçando na direção daquela meta. Acredita que todos os seus problemas, incluindo os pessoais, podem ser solucionados, mediante a organização lógica.

A coisa mais importante é a pessoa haver-se "situado" profissionalmente antes do seu quadragésimo aniversário, pois a visão comumente adotada é a de que ninguém que não se tenha sobressaído nessa época passará por posteriores promoções. Essa é a fase da vida na qual a própria estrutura da sua personalidade é mais materialista.

E quanto à mulher? Ela também atravessa uma fase intelectual. Para ela, o vigésimo oitavo ano é uma transição e uma despedida de coisas passadas ainda maior do que é para o homem. Nos seus 30 anos ela também é solicitada a fazer grandes contribuições na esfera organizacional. Isso exige tanta habilidade organizacional quanto a direção de uma grande empresa.

A paixão inicial agora já passou, como já vimos, e outras fontes devem ser antecipadamente auridas. Caso contrário o casamento se esvaziará numa relação sóbria, metódica, na qual cada parceiro tem seus deveres e na qual a vida sexual se torna uma rotina, não havendo nela muito para se experimentar. Apenas um vínculo espiritual mútuo pode guiar o casamento.

Uma fase posterior e nova aos 35 ou 40 anos de idade é a fase de maior conquista da vida. A autoimagem da pessoa se torna agora mais claramente definida, mais claramente visível. O perigo está em uma rigidez de atitude e do egoísmo, que nesse momento é particularmente grande. O indivíduo frequentemente se enterra em seu trabalho e lança as bases de seu próprio isolamento social. Ele não faz mais "amigos", mas tem "conhecidos" úteis com quem se associa particularmente.

Na sua década dos 20, indivíduos bem-dotados podem alcançar récords sem maiores problemas. No meio da década dos 30, tais performances excepcionais precisam ser feitas num trabalho que exige perseverança e persistência.

Na terceira fase principal da vida, os 40 anos, ocorre o declínio biológico e um possível desenvolvimento espiritual. É uma questão de perceber se outros e novos valores podem ser encontrados. Entretanto, veremos que essa tarefa não é tão fácil.

E a reação a esse estado de coisas pode variar enormemente. Para muitos, que não estão preparados, a situação é um choque e uma prova de fraqueza e precisa ser afastada através de um trabalho ainda mais árduo ou de perseguir ainda mais intensamente uma carreira dinâmica com horizontes ainda mais abertos, anestesiando as vozes da fraqueza e da dúvida com álcool, por meio de aventuras sexuais ou sentando-se passivamente diante da televisão.

A história familiar começa então para a esposa: "perdeu o interesse por mim", "não me compreende mais". Isso pode evoluir para a vivência de si mesma e daqueles que estão próximos.

No caminho da vida defrontamo-nos agora com uma encruzilhada: a escolha que fizermos determinará o rumo futuro de nossas vidas e se um novo leitmotiv será realizado ou se desaparecerá nas profundezas do inconsciente, de onde, para o resto de nossas vidas, representará uma frequente ameaça ao nosso sentimento de autorrespeito.[17]

O que já havia dito, que no final da década dos 30 anos acerca do valor duradouro da abordagem da vida expansiva e egocêntrica, nesse ponto se torna um problema existencial. A descoberta da vitalidade em declínio é ameaçadora ao extremo.

Por volta dos 56 anos, há uma predisposição para a crise. A essência da crise agora é bem diferente. Passa a ser uma redução do poder, é uma crescente incerteza sobre o valor daquela mesma "vida". Sobre a mais conhecida manifestação desse declínio, já falamos anteriormente.

---

17 Bernard Lievegoed, p. 63

8 > Origem das emoções: processos neurais das emoções

> Uma força muito grande

A raiva é uma emoção crua, uma força poderosa e muito difícil de conter. Para que ela apareça, basta que as coisas simplesmente aconteçam de um modo diferente daquele que esperamos. Expressamos raiva quando somos maltratados, quando sentimos que fomos enganados, quando alguém nos ofende ou quando não toleramos algum tipo de comportamento. A raiva também é o medo com um escudo. Funciona como uma reação defensiva e adiantada que se manifesta antes que algo prejudicial possa ser feito contra nós. A raiva pode ser impulsiva e espontânea, expressa-se em explosões agudas e repentinas, mas também pode ser silenciosa e premeditada, lúcida e controlada. Depois que uma fúria intensa passa, você pode continuar irritado com alguns por muito tempo. Em todas as suas formas, a raiva inevitavelmente envolve a moralidade.

Seria impossível falar sobre as emoções sem citar o trabalho de Charles Darwin. O brilhante naturalista britânico, que se tornou famoso por ter criado a teoria da seleção natural e da evolução, não deixa de lado a importância de entender como se dão nossas emoções. Em 1872, cerca de doze anos depois de *A origem das espécies*, Darwin publicou um belo livro chamado *A expressão das emoções nos homens e nos animais*, seu maior legado ao campo da psicologia. O principal mérito do livro de Darwin foi apresentar emoções como resultado da evolução, descrevendo com detalhes as expressões emocionais de animais e seres humanos, ou seja, que cada emoção tem propósitos adaptativos e origens evolucionárias em animais inferiores.

Assim como nossos olhos, membros e outras partes da anatomia, as emoções e todos os circuitos cerebrais e partes do corpo de que precisamos para vivê-las, também se desenvolvem por meio da seleção natural.

Dentro dessa estrutura geral, fica fácil entender que a importância da pesquisa de Darwin está na confirmação de que as emoções são, acima de qualquer coisa, algo que acontece no corpo; uma reação fisiológica aos acontecimentos no ambiente ou, claro, uma consequência de pensamentos e da imaginação que os desperta, que é manifestada por meio de diversas mudanças fisiológicas.

Essa visão persiste essencialmente hoje em dia à luz da pesquisa moderna da neurociência e da pesquisa sobre as emoções em animais inferiores, como os roedores. A maioria das pessoas pergunta com desconfiança: Como é possível estudar a raiva, alegria ou a ansiedade em um rato? A resposta é simples: nenhum cientista faz isso. O que os cientistas exploram dentro de um laboratório são os aspectos universais da emoção, aqueles obtidos por circuitos que permitem que animais e seres humanos sobrevivam.

Em termos evolucionários, o estudo de Darwin sobre as expressões sugeriu que todos os organismos mantinham mecanismos emocionais conservados para ajudá-los a sobreviver. As emoções negativas são raiva, culpa, vergonha, arrependimento, medo e pesar, todas elas representando algo de que precisamos nos defender, ou que devemos evitar. As emoções positivas são empatia, alegria, riso, curiosidade e esperança, que representam uma tendência e um desejo de nos abrir para o mundo.

Neste ponto há outra importante distinção a ser feita: entre emoção e sentimento. Sentimento é emoção que se tornou consciente. Apesar de as emoções se desenvolverem como processos biológicos, elas culminam em experiências mentais pessoais. O contraste aqui é entre os aspectos externos e visíveis de uma emoção e sua experiência interna e íntima. A primeira é uma série de reações biológicas, desde alterações no comportamento e nos níveis hormonais e mudanças na expressão facial, que pode, na maior parte dos casos, ser cientificamente mensurada. A segunda é o sentimento, a consciência privada daquela emoção (os filósofos chamam o estudo dessa experiência subjetiva de fenomenologia). É por isso que podemos descrever nossos sentimentos de modo bastante confiante, mas não conseguimos descrever as experiências internas com a mesma segurança. Atualmente, em um laboratório, os cientistas podem detectar algumas das atividades cerebrais que caracterizam a tristeza ou a alegria, mas não conseguem captar o sentido mais profundo da tristeza ou da alegria para quem as sente. As emoções fazem nossas mentes se comunicar umas com as outras. Elas são a reprodução mais fiel de nosso mundo interno, manifestada externamente na expressão facial.

A segunda conquista importante de Darwin no estudo das emoções foi demonstrar sua universalidade. Se as emoções são inatas, resultado da evolução, também deveriam ser difundidas e parecidas em diferentes culturas. Segundo essa teoria, se todos os seres humanos no mundo têm olhos, boca, nariz e músculos faciais iguais, devem estar preparados para manifestar as emoções de modo parecido.

A obra de Darwin é um grande tesouro para a compreensão das emoções. Ela deixou um legado duradouro e tem inspirado muitos estudiosos nessa área. Farei várias referências a ele ao descrever as principais expressões corporais e principalmente faciais das emoções. Vamos começar analisando os traços faciais da raiva.

> **A cara feia da raiva**

Darwin não era apenas um incrível pensador com ideias originais, era também um escritor muito claro e expressivo. Suas descrições são tão precisas que até mesmo sem fotografias para mostrar, é possível visualizar as mudanças corporais sobre as quais ele escreve.

No caso da raiva, ele comentou que "o coração e a circulação são sempre afetados". De fato, não há nada como um acesso de raiva para fazer o seu sangue fluir e causar uma repentina onda de calor. Experimente, principalmente se estiver sentindo frio. Suas veias se enchem de sangue, tornam-se proeminentes, principalmente no pescoço. O sangue flui para as mãos, como se estivesse preparando-as para uma ação defensiva.

Darwin sabia que o surgimento da raiva envolvia o cérebro e ele deixou isto claro quando disse que o "cérebro excitado" envia vigor aos músculos e "energia à disposição".

De um modo geral a raiva é uma emoção eletrizante, ela nos dá poder para tomar uma atitude. Uma cara brava fica "vermelha ou roxa". Na raiva, arregalamos os olhos.

Darwin também notou que os lábios podem se retrair, para mostrar os dentes, como se quiséssemos desafiar aqueles que nos ofendem.

A raiva também altera a voz. Durante um acesso de raiva, a fala pode se tornar mais intensa e grossa, de modo a fazer até a boca "espumar". Como disse Darwin, as palavras se tornam confusas.

Quando exposta, ela costuma ser uma emoção barulhenta, com sons estridentes e rápidos. Uma coisa é certa: a raiva vai aumentando. É possível vê-la crescendo no rosto de uma pessoa. Não só isso: é como se o corpo todo se alterasse e se dilatasse até finalmente explodir em acessos verbais e físicos. A raiva exemplifica o vigor incontrolável das emoções. Sentir raiva faz surgir questões de valores, assim como de ética, de moral e conduta. Essa teoria, até pouco tempo, foi muito defendida em nossa cultura, originou-se há mais de dois mil anos, na Grécia Antiga, o berço do pensamento ocidental, principalmente nos escritos do filósofo Platão (427-347 a.C.), aluno dedicado de Sócrates.

Os pensamentos de Platão sobre a emoção e a razão estão mais explícitos no texto A República, sobre moralidade e o estado ideal, mas também em sua sequência. De acordo ainda com Platão, a alma humana era animada por três tipos principais de padrões e energias: razão, emoção e apetites. Das três, a razão era de longe, a mais nobre, enquanto a emoção, e até mesmo os apetites eram paixões secundárias, com menos importância, como a necessidade de alimentar-se e saciar a sede, assim como a ganância por dinheiro e posses. As emoções eram reações impulsivas e não controladas, como a raiva e o desgosto, bem como a coragem. Por outro lado, a razão significava uma reflexão ou discussão calma.

Convenientemente a alma tripartida (razão, emoção e apetites) espelhava a divisão social (em três). Era à razão que ele dava mais importância, dizendo que apenas um homem racional conseguiria ser justo e moral.

Sigmund Freud, que certamente acreditava na importância das emoções, afastava a racionalidade dos instintos básicos e reconhecia o conflito entre os dois lados.

Como já nos referimos anteriormente, os desejos humanos mais primitivos constituem o que Freud chamou de id. Essa parte, imprecisa e amorfa da mente humana, abarca os instintos mais viscerais. O funcionamento do id é livre de lógica ou racionalidade.

O mecanismo do id, tem dois principais sentidos. É o que nos faz planejar com antecedência.

Com suas qualidades inconscientes, o ego também exerce controle inibidor sobre o id, reprimindo alguns de seus ímpetos instintivos. No topo da escala, está o superego, que cuida das relações com o mundo e exerce também controle sobre o id, reprimindo alguns de seus ímpetos instintivos.

O superego é a nossa consciência e, por fim, uma aprovação moral, moldada pela sociedade e pela cultura.

Apesar do interesse de Freud pelo cérebro, ele começou a carreira como um importante neurologista. A localização física desses componentes da mente humana não o preocupava. Mesmo assim, ele comentou diversas vezes que sua teoria psicológica da mente um dia seria substituída por uma teoria psicológica e química. E a sua previsão seria confirmada.

A separação entre emoção e razão teve credibilidade até pouco tempo atrás, em parte porque encontrou confirmação na compreensão da estrutura anatômica e funcional do cérebro. No cérebro há áreas chamadas sinos, e outras rugosas chamadas sulcos. Dentro do neocórtex, a parte que sofreu mais mudança e que mais evoluiu é a mais anterior, o córtex pré frontal, ou o CPF, que fica atrás da testa e dos olhos. O CPF que equivale a quase um terço de todo o volume do córtex, também controla nossa atenção. Ele nos ajuda a nos concentrar e a focar os fatos, também nos ajuda a planejar com antecedência e a escolher uma atitude a tomar. Também ajuda a nossa memória de curto prazo.

É importante notar que o CPF conclui sua formação no fim do amadurecimento de uma pessoa. Ele se forma totalmente depois da adolescência, aos vinte e poucos anos, e é por isso que as crianças e os adolescentes não estão totalmente preparados para tomar decisões e são mais propensos a correr riscos.

> Um bando raivoso

Existe outro nível no qual as principais funções são diferentes na maneira como manifestam a ira e a violência. Da anatomia do cérebro precisamos passar por algo invisível: os genes.

A genética envolve o processo por diferenças. Para aprender sobre a função de um gene, os geneticistas estudam o que acontece quando algo dá errado com ele, quando ele não existe ou quando passa por mudanças (ou, em linguagem biológica, mutação). Pesquisando sobre esse assunto, uma pista forte para um componente genético da agressão veio da Holanda.

Um grupo de homens da mesma família apresentou comportamento agressivo persistente, com predisposição elevada a acessos agressivos, raiva e comportamento violento e impulsivo, como estupro, agressão, tentativa de assassinato, roubo, incêndio criminoso e exibicionismo. Alguns também apresentaram leve retardo mental.

O fato de essa característica sempre se manifestar na mesma família fez Hans Brunner, cientista em atuação em Amsterdã, suspeitar que o comportamento deles poderia ser resultado de uma anomalia em sua constituição genética.

Por isso se dispôs a estudar o DNA deles. Brunner fez uma descoberta incrível. Todos eles tinham uma versão problemática de um gene responsável pela produção de uma enzima chamada monoamina oxidase tipo A (MAO-A). A mutação estava no cromossomo X, o material genético que os seres humanos herdam de suas mães.

Entre outras coisas, as enzimas processam outras moléculas. A MAO-A processa neurotransmissores, como a dopamina, a norepinefrina e a serotonina -- moléculas que permitem que as células do cérebro se comuniquem umas com as outras, contribuindo, de um modo ou de outro, com a qualidade de nosso humor e personalidade.

A mutação dos holandeses era uma anomalia rara, porém forte. Basicamente, aqueles cientistas analisaram se outras versões do gene do MAO-A existiam na população humana. Apesar de a sequência de genes nos indivíduos ser muito idêntica, pode haver pequenas diferenças nas bases de DNA. Isto é, unidades que formam a molécula de DNA, que nos torna únicos e diferentes de todo mundo. Essas diferenças formam o que é chamado de variação genética. Normalmente essas mudanças podem não apresentar efeito, mas, às vezes, resultam na alteração ou perda da funcionalidade de uma molécula.[18]

---

18 Giovanni Frazzetto. *Alegria, culpa, raiva, amor*. O que a neurociência explica – e não explica – sobre nossas emoções e como lidar com elas. Nova Fronteira, Rio de Janeiro, 2013.

> O gene responsável pela MAO-A

Apresenta-se, principalmente, em duas formas: uma versão mais longa que produz níveis mais altos da enzima, e uma versão mais curta, que produz níveis baixos. Aqueles que têm menos enzima apresentam uma degradação menos eficiente e mais lenta de neurotransmissores em seus cérebros.

Depois da descoberta de sua implicação na agressão e na violência, o gene do MAO-A logo recebeu o apelido de "gene guerreiro" e muitos artigos foram publicados abordando a associação dos baixos níveis de MAO-A com o comportamento violento, como se a agressão e a violência pudessem ser o resultado apenas de genes ruins.

Nos anos 1990, quando essas descobertas foram feitas, houve grande comoção a respeito dos genes e sua influência no comportamento. Com a corrida para completar o Projeto Genoma Humano, era possível sentir o entusiasmo de cientistas e laboratórios. Os genes guiavam tudo.

Entretanto, pouco depois da publicação do Genoma Humano, ficou claro que, no caso de comportamento complexo, a influência dos genes era relativamente pequena.

Uma relação causal direta entre genes e comportamento é válida apenas em alguns casos, quando único defeito genético acarreta disfunções cerebrais. Um clássico desse tipo é a Doença de Huntington, um distúrbio neurodegenerativo, que faz com que as células nervosas morram, o que causa má coordenação muscular e demência. Se tiver no cromossomo 4 de seu genoma uma repetição excessiva de uma deficiência curta de DNA, as chamadas repetições CAG, independentemente do que fizer, de onde cresceu ou de onde vive, você vai desenvolver a doença de Huntington.

Mas a origem da maioria dos traços comportamentais é mais complexa do que isso. A maioria dos traços é poligênica, ou seja, envolve uma mistura de muitos genes ao mesmo tempo. O da MAO-A é, até hoje, certamente o gene mais estudado e mais ligado à agressão, mas não é o único. O que complica as coisas é que um gene pode ser responsável por mais de um comportamento. Então, apesar de fazermos referência ao gene da doença de Huntington, não é certo falar de um gene de um traço complexo como agressão.

Na unidade, o do MAO-A pode receber mais de uma designação. Poderia ser chamado de gene da depressão ou gene dos opostos, porque a variação no nível de sua deficiência já foi encontrada em pessoas que manifestam tais comportamentos.

Giovanni Frazzetto, PhD em biologia molecular, é um estudioso cientista que oferece o que a neurociência tem revelado sobre nossas emoções e o que as suas descobertas significaram, pois, enquanto estudava o cérebro, percorria o caminho da vida.[19] Revela-se assim um subtexto neural das emoções, o que até hoje pode ser uma fonte inesgotável de surpresa, mas também pode nos deixar confusos.

> Genes e ambiente

Uma dessas variáveis é sem dúvida o ambiente. O comportamento não pode ser estudado sem a percepção das circunstâncias do mundo externo, onde ele se manifesta e que contribui para sua emergência.

A criação e as experiências traumáticas têm efeitos fortes no desenvolvimento da personalidade. O ambiente interfere na ação de alguns genes e compromete o resultado do desenvolvimento de uma pessoa. Por exemplo, gêmeos idênticos que têm o mesmo genoma, podem acabar desenvolvendo personalidades diferentes se criados em família ou comunidades distintas.

No caso do comportamento antissociável e violento, fatores diversos, como agressão ou abandono sofridos na infância, relações familiares instáveis, ou exposição à violência foram percebidos como influentes.

Ao encontrar um gene é possível localizar o caminho neuroquímico que contribui como a manifestação dos sintomas e, claro, onde no cérebro o comportamento ou doença pode ser modificado. No entanto, nenhum neurocientista diria que a variação em um gene como o do MAO-A é, por si só, suficiente para determinar o comportamento violento ou para tornar alguém um criminoso.

O neurocientista James Fallon, norte-americano que estuda o comportamento humano, havia relatado que o cérebro de alguns membros de sua família foram estudados para avaliar o risco que eles corriam de desenvolver mal de Alzheimer.

---

19 Giovanni Frazzetto, op.cit.

Fallon, que trabalha na Universidade da Califórnia, em Irvine, explicou que um ingrediente essencial estava faltando na receita da violência: uma informação ruim.[20]

Obviamente, uma análise mais profunda e mais detalhada de seu cérebro, e também do seus parentes e do seu histórico, é necessária, mas esse fato interessante na vida de um neurocientista que estuda comportamento mostra o relativo poder dos genes.

Apesar de não estar livre de imperfeições, o sistema judiciário sempre segue um caminho muito claro. Um indivíduo é acusado de um crime violento. Se ficar comprovado que ele o cometeu e voluntariamente, ou seja, de caso pensado, ele será condenado. A tarefa de deliberar com certeza a respeito da capacidade mental de um suspeito é um desafio importante para juízes e especialistas médicos e a prática e o resultado de tal deliberação têm dependido do conhecimento médico disponível em cada momento da história.

Até pouco tempo, a culpa atribuída a suspeitos com possíveis problemas mentais era determinada apenas com base nas avaliações psiquiátricas abrangentes. Hoje, a introdução da genética e da neurociência no tribunal abala ideias estabelecidas de culpabilidade.

Nos Estados Unidos, até mesmo as ressonâncias magnéticas de cérebros têm sido usadas para diminuir a culpabilidade de um réu, o que ainda não aconteceu nos tribunais do Reino Unido.

O neurocientista David Eagleman tem sido defensor da possibilidade de usar a neurociência nos tribunais.[21] Ele disse que as atuais noções legais de culpabilidade e de culpa podem evoluir com o progresso da neurociência.

Independentemente de ser uma mudança na morfologia do cérebro, um defeito genético claro ou uma alteração neuroquímica mais sutil, sempre haverá uma explicação biológica para o comportamento ruim de um criminoso e tal explicação terá que ser levada em conta ao ser definida uma pena. Assim as ideias de intuição e o livre-arbítrio e a culpa passarão por transformação.

Para Eagleman, a culpa é uma questão errada no sistema legal, porque, com o tempo, a neurociência revelará quais elementos na biologia do cérebro de todo

---

20 James Fallon. *The Psychopath Inside*: A Neuroscientist's Personal Journey into the Dark side of the Brain. Penguin, New York, 2013.
21 David Eagleman. *El cerebro:* Nuestra historia. Anagrama. Barcelona, 2017.

réu pode levar a cometer um crime. Uma pena aplicada hoje a alguém considerado culpado de cometer um crime pode mudar em alguns anos devido as novas maneiras de avaliar a biologia do seu cérebro.

Eagleman conclui que o certo a se fazer é verificar qual a possibilidade de os criminosos voltarem a cometer crimes, com base em sua biologia, que aos poucos entenderemos melhor.

Enquanto a neurociência afia as ferramentas para entender a base biológica da violência, é sempre bom ficar de olho em como a sociedade lida com o crime e com as doenças mentais.

> Acalme suas frustrações

Tenho registrado muita coisa sobre a raiva como prelúdio para a violência deplorável e inaceitável, como uma emoção negativa a ser evitada e afastada.

Mas ela nem sempre é seguida pela agressão: a violência também pode surgir na ausência da raiva.

Psicólogos e filósofos discutem sobre os benefícios de ignorar a raiva em uma tentativa de se manter calmo, em vez de dar vazão a ela.

Como disse Aristóteles em sua obra *Ética a Nicômaco*, qualquer pessoa pode se irritar. Mas expressar a raiva no tom certo, no momento certo e pelo motivo certo exige uma avaliação cuidadosa de alguma virtude. É uma habilidade que começamos a praticar na infância, quando precisamos aprender a reagir às primeiras formas de injustiça, quando, por exemplo, alguém faz bullying conosco ou coisas semelhantes.

Às vezes, bater o punho na mesa ou demonstrar seu descontentamento é melhor do que permitir que o ressentimento aumente por dentro, e pode impedir que você tome atitudes desagradáveis.

Mas os acessos espontâneos e a raiva que vive em nós podem ter repercussões graves em nossa saúde.

Em primeiro lugar, a raiva atinge o coração. Existem estudos que mostram claramente que reagir a situações de estresse com raiva aumenta o risco de doenças cardiovasculares prematuras, especialmente infarto do miocárdio.

Quase dois milênios atrás, o antigo filósofo Sêneca escreveu um livro sobre a raiva e criou uma abordagem inteligente para bloqueá-la. Ele viveu na Roma antiga que, mesmo naquela época, não era o lugar mais calmo do mundo. "Na vida, algo sempre segue pelo caminho oposto ao que gostaríamos. Os planos nem sempre dão certo como queremos. Ninguém tem a sorte tanto a seu lado a ponto de sempre ter seus desejos atendidos", disse Sêneca.

De fato, é extremamente fácil perder a paciência e ficar com raiva das pessoas ou das situações que provocam a irritação até consigo mesmo e causam azar. Mas, para Sêneca, a raiva era degradante e era melhor evitá-la.

Não existe nada imaterial ou metafísico na essência de nossa existência. Nosso cérebro e, de modo geral, nosso corpo são os substratos de nossas ações. No entanto, eles não atuam simplesmente em isolamento total aos contatos interpessoais, sociais, históricos nos quais vivemos.

O neurocientista Steven Rose oferece uma visão fascinante dos seres humanos como organismos vivos que formam suas trajetórias de vida ao longo do tempo e do espaço e de acordo com sua biologia.[22]

Ele reconhece o poder dos genes e de nosso eu físico sem se render ao determinismo. Não somos escravos de nossos genes. Rose chamou tais trajetórias de "linhas da vida", pois elas são como caminhos que construímos e decidimos seguir.

Para ele, era importante analisar com calma a natureza real do incidente ou situação irritante e, acima de tudo, evitar ser vítima de provocação.

"Culpa: uma mancha indelével é a culpa".

"A culpa tem ouvidos muito rápidos para uma acusação" (Henry Fielding)

"Uma boa ação nunca escapa impune" (Gore Vidal)

Como um fantasma, a culpa costuma se materializar em sonhos, disfarçada em permutações indecifráveis e, por vezes, bizarras. Foi na verdade um sonho causado pela culpa que Sigmund Freud teve no verão de 1895 que o ajudou a

---

22 Steven Rose. *O Cérebro do Século XXI*. Globo. 2006.

formular sua teoria referente à interpretação dessa série noturna e enigmática de inconsciência.

No sonho dele, tudo apontava para uma sensação de culpa que ele sentia por conta do diagnóstico errado feito a uma paciente, Irma, que também era sua amiga.

De acordo com Freud, Irma sofria de histeria. Depois de um período de tratamento, ela melhorou, mas continuou sofrendo com dores somáticas e inquietações. Mas Freud ignorou seus sintomas médicos e determinou que o que ela estava vivendo não era de natureza orgânica. Freud se sentiu responsável por ter subestimado a situação de Irma e tentou passar a própria culpa para ela e para o médico que ofereceu o tratamento correto.

A experiência foi tão forte e a culpa tão inaceitável que ele a passou para outros. Contudo ele sabia muito bem que na verdade tinha sido seu próprio desconforto com o processo real ou percebido de como a tratou.

> Comportamento ruim

A culpa envolve o comportamento ruim, ou mesmo apenas a crença de ter feito algo errado. E costuma ser algo errado que ofende ou causa prejuízo a outra pessoa ou a nós mesmos, normalmente na violação de uma regra ou de uma norma social. Envolve separar o certo do errado, discernir o que é aceitável do que é desprezível, o que é vantajoso do que é doloroso.

A culpa é uma emoção moral, talvez a maior delas, e tem a ver com valores. Porque sentimos culpa? De onde vem, por que vem e para que serve?

É mais ou menos claro o motivo pelo qual alguém se beneficiaria da capacidade de sentir raiva, apesar do fluxo de energia ligado a nossos acessos incontidos de raiva.

A culpa é moldada por valores pessoais e psicológicos e pelos códigos comportamentais da cultura na qual vivemos. No entanto a culpa é o contrário da raiva.

A culpa nos toma quando sentimos que negligenciamos ou fomos grosseiros com os outros ou mesmo quando somos mais bem-sucedidos do que eles.

É até possível sentir-se culpado por ser feliz! Todos os dias e ao longo dos anos, a carga de culpa aumenta sem querer e se acomoda tão profundamente dentro de nós que fica quase impossível nos livrarmos dela. A culpa nos enche de medo. A culpa corrói. Machuca. Ataca sem parar. É como uma pedra no sapato da qual queremos nos livrar, ou talvez um peso. Todas as metáforas comuns servem.

A sensação de culpa é, de fato, desaprovável, duradoura e difícil de erradicar, mas, sendo assim, ela inspira ações para repararmos o prejuízo causado, por exemplo, com um pedido de desculpa e tentativa de desfazer ou compensar as consequências da ofensa causada.

A culpa é, então, um forte motivador para agirmos de modo moral e saudavelmente aceito se corrigirmos nossa conduta.

O objetivo primeiro neste capítulo é mostrar o que a neurociência tem aprendido a respeito da culpa e onde os cientistas acreditam que ela se esconde no cérebro.

A culpa costuma ser mal interpretada e confundida com outras emoções, principalmente o arrependimento ou a vergonha. Existem semelhanças entre essas emoções, mas também diferenças básicas.

A culpa e o arrependimento envolvem decisões e escolhas de atitude, ou omissões de ações, com consequências que costumam ser indesejadas, mas o arrependimento é normalmente menos intenso.

Mais interessante ainda é o que diferencia a culpa da vergonha. Essas duas emoções são parecidas, porque falam a nosso eu moral. Quando nos envergonhamos de alguma coisa, nos encolhemos e nos fechamos. Temos vontade de sumir de vista, desaparecer dentro de um buraco no chão.

A culpa e a vergonha costumam ocorrer ao mesmo tempo. Talvez, a melhor maneira de distinguir a culpa da vergonha será olhar no rosto. Se ele corar, a vergonha será revelada. Corar faz parte das reações fisiológicas que ocorrem na vergonha, não na culpa.

Durante muito tempo, a culpa foi uma questão científica para a psicologia, mas não para a neurociência.

Os cientistas estão, agora, tentando integrar esses testes com a contemporânea ciência do cérebro. Hoje em dia, isso normalmente envolve tecnologia e imagens cerebrais, em especial, a ressonância magnética funcional ou RMF. Uma maneira de as medidas de fluxo do sangue serem captadas ou traduzidas em imagens, a RMF se tornou um método de pesquisa fundamental para visualizar as operações do cérebro, conforme acontecem em tempo real.

É de fato uma tarefa difícil. A maior vantagem da RMF é ver por dentro, com imagem, o cérebro.

Mais que uma foto, uma imagem de RMF é uma cena de filme.

Tem o objetivo de captar o funcionamento do cérebro no tempo e no espaço.

Como disse Darwin, a culpa não é a emoção mais fácil de perceber em um rosto.

> *Ansiedade: o medo do desconhecido gera ansiedade.*
> *"A ansiedade são juros pagos por um problema que ainda não aconteceu".*
> (William Ralph Inge)

> *"A ansiedade é a cria da criatividade".*
> (T. S. Eliot)

> **O medo e a ansiedade**

O medo é uma de nossas emoções básicas e, de longe, longe, a mais estudada em laboratório. Ele costuma ser definido como uma reação a uma ameaça ou a um perigo iminente. O medo costuma ser precedido pela surpresa e, até esse momento, as duas sensações se parecem, a ponto de as duas fazerem os sentidos da visão e da audição se tornarem mais aguçados.

Mas voltemos à distinção entre o medo e a ansiedade. O medo tem um alvo específico. E a ansiedade? Bem, ela normalmente não é tão simples. Ansiedade costuma ser um medo do indefinido. Algo que não podemos explicar nem focalizar no espaço e no tempo.

As razões obscuras e opacas da ansiedade são boas em se esconder, mas vale a pena procurá-las.

O transtorno de ansiedade generalizada, ou TAG, é muito encontrado nas consultas de adolescentes ou menores, por volta dos cinco ou sete anos.

> Conhecimento do medo

Infelizmente, a ansiedade nem sempre bate na porta. Ela nos toma quando menos esperamos. Além disso, a preocupação traz uma série de problemas ou fatos que podem causar reações mais profundas, que costumam estar ligadas a lembranças de acontecimentos traumáticos.

> *"Tua ausência cerca-me,*
> *como a corda à garganta.*
> *O mar a que se afunda.*
> *Ausência."*
> (Jorge Luiz Borges)

> *"A felicidade faz bem para o corpo, mas é o pesar que desenvolve as forças da mente".* (Marcel Proust)

> *"O pesar transforma uma hora em dez, disse Shakespeare.*

> *"O sofrimento é um momento muito longo",*
> concordou Oscar Wilde em de Profundis.

Para quem está sentindo pesar, o tempo passa em um ritmo diferente, as estações, os dias, as horas e os minutos se estendem como se a rotação da Terra tivesse ficado mais lenta. A perda desestabiliza o plano de nossa existência. É uma experiência desorientadora, um terremoto emocional, capaz de mexer em nossos pontos de referência enquanto atravessamos o que resta da vida com a ausência de um ente querido.

As lembranças trazem a saudade e um desejo de estar com a pessoa que não pode ser satisfeito.

> *"O pesar pela perda e por outras formas de dor emocional costuma ser articulado na linguagem da dor física."*
> (Giovanni Frazzetto)

O pesar é uma emoção intensa que também pode ser considerado processo, uma trajetória que envolve outras emoções, como elos a serem desfeitos em uma corrente. O pesar envelhece. A princípio é jovem e insistente, depois se torna mais calmo e mais discreto. A perda é insuportavelmente traumática. Finalmente aprendemos a viver com a perda, nós a estruturamos e a colocamos em uma perspectiva mais distante, aprendemos a lidar com as lembranças, chegando a um nível de aceitação. Antes disso, que pode demorar muito tempo para chegar, talvez exista algum estágio mais lento, mais doloroso e frágil de se atravessar. A tristeza profunda. Em suma, é difícil fingir essa emoção de forma autêntica.

Por outro lado, quando as emoções são reais, é difícil escondê-las. Outra coisa torna a tristeza inevitável: o fluxo de lágrimas.

> Choro e lágrimas

As dores emocionais também precisam ser lavadas, assim como os ferimentos e cortes na pele são limpos para evitar infecção.

A tristeza e o pesar são sentimentos inundados pelo choro emocional. As lágrimas são um excesso de sensibilidade, um bálsamo relaxante para nossos sentimentos.

Alguns aspectos da fisiologia das lágrimas funcionam simplesmente como um lubrificante salino eficiente para os olhos. Se os olhos não conseguissem produzir lágrimas, ficariam sempre secos e indefesos diante de ações irritantes do ambiente externo. As lágrimas lubrificantes são produzidas e derramadas na superfície das córneas pelas glândulas lacrimais, bulbos em formato de amêndoa, localizados no canto interno dos olhos, perto do nariz. Para cumprir sua função protetora, as lágrimas também contem lisozima[23] que é um antisséptico natural. Mas as

---

[23] Proteína presente nas lágrimas, saliva, muco e leite produzidos por seres humanos e em bastante quantidade nas claras de ovo.

lágrimas são mais do que antisséptico quando derramadas para irrigar nossa terra seca de tristeza, ou seja, quando são emocionais.

As lágrimas emocionais têm um status excepcional na evolução, como uma capacidade unicamente humana. Não existem evidências contundentes de que os animais choram, nem mesmo os chimpanzés, que são os primatas mais parecidos conosco.

Os bebês humanos reclamam explicitamente quando são separados da mãe. Em todos os casos, o choro é a externalização de um protesto. Mas a liberação de lágrimas tristes dos olhos como reação à perda, ou como prova de outro tipo de abalo emocional é um traço atribuído exclusivamente a seres humanos que, ainda bebês, aprendem a realizá-lo apenas depois de nascerem. E isso só porque as glândulas lacrimais não se desenvolvem de modo adequado ou ainda não são funcionais.

As lágrimas começam a rolar pelo rosto apenas quando o bebê tem por volta de cinco meses de vida.

Mas qual é o propósito do choro?

O poeta latino Ovídio escreveu: "As lágrimas têm um poder comunicativo enorme. Assim como representam o estresse do bebê ao ser separado da mãe, as lágrimas emocionais são sinais eficientes de expressão de tristeza para humanos".

Mas uma pergunta permanece: o que torna singulares as lágrimas de emoção? Em outras palavras, as lágrimas que derramamos quando cortamos cebola são diferentes daquelas que rolam por nosso rosto quando nos despedimos de alguém no aeroporto?

Não existe resposta conclusiva a respeito da diferença na composição química entre os tipos de lágrimas.

Algumas pessoas choram mais do que outras e isto ainda não tem explicação, o limiar de intensidade do acontecimento que aciona a reação do choro.

Provine especulou que a chave molecular do choro emocional pode ser uma neurotrofina chamada fator de crescimento nervoso, ou NGF, sua sigla em inglês.[24] Originalmente descoberta como uma proteína que facilita o desenvolvimento e a sobrevida dos neurônios, o NGF tem um efeito curativo em nossos olhos e também um papel no equilíbrio do humor.

---

24 Citado por Giovanni Frazzetto, op.cit.

Para Provine, apesar dos caminhos e riscos pelos quais isso pode acontecer ainda não serem evidentes, a presença do NGF em lágrimas e seu acesso ao sistema nervoso o tornam um bom candidato para ser o que dá ao líquido salgado das lágrimas sua textura emocional.

Acho fascinante, mesmo que ainda careça de explicação, o limiar de intensidade do acontecimento que aciona a reação de choro e, também, a questão do que faz com que algumas pessoas chorem mais do que outras.

As lágrimas estão ligadas à tristeza e ao desespero, mas, claro, às vezes, choramos de alegria e felicidade, por emoções que trazem gratificação e reconhecimento, e não que nos retirem algo. Nos dois casos, o que faz as lágrimas escorrerem é desconhecido. Todos estamos familiarizados com o momento lânguido em que as lágrimas enchem nossos olhos. Pode haver períodos em que o choro seja descontrolado. As lágrimas inundam as câmaras de nosso ser, sem termos dado licença. Mas, em alguns outros momentos, as lágrimas se recusam a cair, mesmo quando gostaríamos que viessem. Mesmo quando não sabemos dizer por que estamos chorando, as lágrimas trazem uma mensagem importante que está escondida em algum lugar nos segredos de nosso inconsciente.

> **O pesar é parecido com uma dor física?**

O pesar pela perda e por outras formas de dor emocional costuma ser articulado na linguagem da dor física.

Quando somos atingidos pela decepção, pela rejeição ou quando nossas relações são abandonadas, dizemos que estamos machucados, que alguém ou alguma coisa nos causou sofrimento, trazendo feridas, rasas ou profundas. Nós nos sentimos desgastados e esmagados. Ficamos com cicatrizes. Essas metáforas corporais têm base em manifestações físicas de tristeza e pesar.

Sentimos uma dor aguda no estômago, como se alguém nos tivesse chutado ou uma sensação geral de peso.

A relação entre dor física e emocional vai além da semântica. A dor física e a dor emocional, a que sofremos quando nossos elos sociais ou emocionais são quebrados, podem compartilhar alguns dos nossos mecanismos neurais.

De uma perspectiva evolucionária, isso faz sentido. O sistema que medeia a experiência da dor física tem raízes mais antigas, a partir das quais o sistema da dor emocional pode ter se desenvolvido. Sentir dor física é um modo de evitar as experiências dolorosas.

O pesar é mais perecido com o interesse em uma dívida emocional. É o preço inevitavelmente alto que pagamos por nos apegarmos aos outros.

As causas da dor física e do pesar são diferentes. Mas ambas provocam efeitos similares, pelo menos no âmbito dos neurônios. As emoções são criadas pelos acontecimentos. Em todos os casos, algo ocorre por baixo da pele e nosso corpo processa a mudança. A dor física que sentimos quando batemos o dedinho do pé em uma quina da parede é o efeito de uma colisão que prejudica nosso tecido. A dor da perda ou a ruptura de um elo emocional, por outro lado, é a consequência de uma separação física. O sinais das semelhanças neurais compartilhadas entre os efeitos da dor física e da emocional vieram de muitas fontes. As semelhanças entre as regiões cerebrais identificáveis em diferentes tipos de dor são muito interessantes.

> ## O bom pesar

Apesar de ser arrasador e, às vezes, destruidor, o pesar não é tido instintivamente como uma doença.

Mas na sociedade de hoje, a tristeza pode atrair atenção médica e ser vista como uma divergência da normalidade. Isso tem a ver, em certos casos, com a categoria psiquiátrica da depressão que transforma a tristeza em uma doença.

Em seu influente texto "Luto e melancolia", Freud explica os pontos comuns entre o que chamaríamos, hoje em dia, de pesar e depressão. Os dois têm em comum uma separação de alguém, ou algo a que damos nossa atenção.

Poderíamos dizer que a separação é roubo de um investimento emocional. No caso do pesar, a separação é causada por uma morte de verdade. No caso da depressão, a separação é inconsciente e não pode ser fisicamente notada. Em outras palavras, o pesar vem de fora, a depressão vem de dentro. Mas, em ambos os casos, tal separação causa dor. Em ambos os casos, o indivíduo se afasta da realidade, se retrai, perde o interesse no mundo externo.

Quem se recupera do pesar, adapta-se lentamente à realidade e aceita a perda. Pessoas deprimidas continuam a se isolar, tendem à autocrítica e à autorepreensão e perdem a autoestima. Então o pesar é justificável e libertador, enquanto a depressão pode sair do controle. Freud afirma claramente que "apesar de o luto envolver grandes mudanças da postura normal diante da vida, nunca nos ocorre considerá-lo um problema patológico e dedicar a ele um tratamento médico".

Esperamos que ele seja superado depois de certo tempo e consideramos qualquer interferência como inútil ou até prejudicial. O luto é excluído como um distúrbio porque os autores reconhecem que os sintomas depressivos são esperados na vida de indivíduos que entraram em processo de luto recentemente. A questão que surge é: a biologia por trás dos sintomas é diferente nas duas circunstâncias?

Alguns pesquisadores estão tentando identificar fatores sintomáticos e biológicos que possam justificar a criação de uma nova categoria chamada de distúrbio do pesar prolongado (PGD, sigla do inglês – Prolonged Greef Desorder) ou pesar complicado (CG – Complicated Greef), diferenciando o pesar normal de uma forma de pesar não resolvido que se torna uma doença incapacitante comparada a casos graves de depressão.

De modo geral, a proposta tem a melhor das intenções. Os médicos não têm qualquer interesse ou vontade de aumentar a lista dos distúrbios psiquiátricos no mundo, realizando diagnósticos exagerados.

A prevalência mundial da depressão, atualmente, é de cerca de 10% da população. Isso quer dizer que uma em cada dez pessoas que você vê andando na rua pode estar deprimida.

Ninguém sabe dizer ao certo qual é a duração normal do pesar. Duas semanas, sem dúvida, é pouco tempo para concluir um período de pesar pela morte de alguém querido.

O escritor Julian Barnes disse, certa vez, que o luto "machuca tanto quanto vale". O luto é doloroso, mas necessário para lidarmos com a dor.[25]

A prática do diagnóstico psiquiátrico consiste exatamente em associar um nome a uma lista de sintomas, um conjunto de padrões comportamentais que devem dar sentido a uma doença. Por sua vez, cada termo de diagnóstico insinua a existência

---

25 Citado por Giovanni Frazzetto, op.cit.

de uma doença, que sabemos esconder uma complexa estrutura biológica, que estamos apenas começando a entender. É assim com a depressão, em todas as diversas designações a ela propostas ao longo do tempo. Saber que há um diagnóstico, um nome de doença mental, além de uma descrição biológica, costuma reconfortar aqueles que sofrem e elimina a sensação de culpa por estarem doentes.

A pesquisa em neurociência psiquiátrica está voltada para a identificação de sinais biológicos. São os valores biológicos mensuráveis que servem de prova para uma mudança distinta no corpo.

Por exemplo, níveis altos de gonadotropina na urina de uma mulher são sinais de gravidez. O nível de insulina é um bom indicador para o diagnóstico de diabetes. No caso da doença mental, os sinais biológicos indicariam disfunção na neuroquímica dos estados mentais, facilitando os diagnósticos e a escolha de tratamento da depressão ou do pesar complicado.

Ao longo das décadas de pesquisa neurológica e molecular a respeito da depressão, os sinais biológicos variaram muito em tipos. Alguns exemplos: os níveis de cortisol, o hormônio envolvido na noção de estresse de um organismo, parecem ser mais altos em indivíduos deprimidos, especialmente durante as primeiras horas do dia.

> A molécula da tristeza

Uma das informações mais populares a respeito da depressão é de que ela é o resultado de um desequilíbrio químico, mais especificamente, um declínio no nível de neurotransmissor no cérebro.

Os neurotransmissores, as moléculas que enviam mensagens entre os neurônios no cérebro, já entraram no vocabulário do dia a dia.

Aqui estão alguns exemplos: nós nos pegamos associando o prazer com a liberação de endorfinas. Falamos de um pico de adrenalina quando ela nos mantém em alerta e sem sono, depois de uma apresentação ou uma reunião importante.

Às vezes mencionamos o hormônio cortisol para descrever ou justificar nossos níveis de estresse. Mas se há uma molécula que realmente se tornou famosa, recorrente nas revistas de ciência, essa palavra é o neurotransmissor serotonina.

A serotonina tem uma estrutura molecular única: 25 átomos muito bem organizados. É largamente conhecida como a molécula da felicidade, usada como um termo abreviado para o status de nosso cérebro e para nosso bem-estar. A serotonina não está presente apenas no cérebro. Aproximadamente cerca de 90% de toda a quantidade de serotonina no corpo está, na verdade, guardada nos intestinos. Ali, ela facilita os movimentos das vísceras por meio da regulação da expansão e contração dos vasos sanguíneos, e também está envolvida no funcionamento das plaquetas, as células sanguíneas responsáveis pela coagulação do sangue e pela cicatrização de uma ferida.

Apenas os 10% restantes da serotonina cumprem sua outra tarefa, a de neurotransmissor no cérebro, onde é produzida por neurônios serotonérgicos.

As serotoninas se localizam em uma parte central do cérebro, pela linha média acima do tronco cerebral, e têm conexões neurais que se estendem a quase todas as partes do sistema nervoso central.

A descoberta de que o humor pode corresponder a um desequilíbrio neuroquímico no cérebro se deu nos anos 1950. Baseou-se em uma série de observações inesperadas, algumas delas feitas em animais, que indicavam que poucas drogas interferiam no humor. Algumas o melhoravam, outras o pioravam.

A maioria daquelas drogas mirava o sistema de monoaminas, que são uma família de moléculas no cérebro que inclui a norepinefrina e a serotonina.

Por exemplo, os médicos tinham notado que a administração da droga reserpina piorava o humor das pessoas, posteriormente, descobriu-se que a reserpina tinha efeitos sedativos em animais, como os coelhos e também ocasionava uma diminuição da serotonina. As centenas de bilhões de células neurais que formam nosso cérebro não fazem nada além de se comunicar entre si.

É interessante que a comunicação ocorra sem que os neurônios precisem se tocar. A "linguagem" na qual as mensagens são trocadas consiste em sequências de moléculas neurotransmissoras, e o diálogo entre as células ocorre em um espaço muito pequeno chamado sinapse, o ponto de encontro entre os neurônios.

O sistema de entrega é extremamente exato e confidencial: a mensagem só pode ser lida por ser um receptor de direito, ou seja, a serotonina se conecta apenas aos receptores de serotonina. Os receptores não mantêm a mensagem.

Quando remédios começaram a ser desenvolvidos especificamente para manter altos níveis de serotonina, havia uma classe que era, efetivamente, de inibidores de MAO-A (grande degradador de serotonina). Cedo demais, isso se tornou um alvo para o tratamento com remédios que procuravam aumentar os níveis de serotonina. Uma nova classe de medicamentos apareceu em cena, os inibidores seletivos de reabsorção de serotonina. O prozac nasceu e, depois de seu enorme sucesso comercial, uma série de drogas parecidas foi introduzida. Remédios como prozac, zoloft, sertraline ou paxil funcionam inibindo o transportador de serotonina ou tentando aumentar a quantidade disponível para seus receptores.

Desde a introdução deles no mercado farmacêutico, mais de trinta antidepressivos foram lançados. Em 2011, somente nos Estados Unidos, um dos países de maior consumo, o número de prescrições de antidepressivos passou de 250 bilhões, mais de 100 milhões a mais do que em 2001. Esses números altos correspondem a vendas equivalentes a 25 bilhões de dólares.

Ainda assim, esse sucesso econômico não é acompanhado pela melhora na saúde mental da população, de modo geral, se considerarmos a alta incidência da depressão no mundo.

Na Europa, a maior parte do total de doenças é atribuível a distúrbios psiquiátricos.

Não é uma hipótese totalmente confirmada de que uma deficiência na serotonina seja a causa de tristeza, e os resultados de um trabalho constante voltado para resolver essa questão continuam contraditórios.

O mecanismo molecular exato por meio do qual os antidepressivos comuns atuam não é totalmente compreendido. Temos uma boa ideia de como a serotonina cumpre seu papel na sinapse, mas nosso conhecimento a respeito de como exatamente o mecanismo traduz a mensagem para os eventos está longe de estar completo. Quando o assunto é a serotonina, quanto mais se tem, melhor se sente.

Propagandas insistem nessa equação simplista para explicar a um público leigo e não especializado o que para os neurocientistas ainda é uma questão científica complexa e não resolvida.

Em 2012, a empresa farmacêutica GlaxoSmithKline recebeu uma multa cara por ter subornado médicos a continuarem a apoiar e a receitar para crianças e adolescentes o antidepressivo Paxil (paroxetina), apesar de os exames terem mostrado que ele só era eficiente em adultos e o uso em grupos mais jovens ter sido relacionado ao risco de suicídio.

Em fevereiro de 2008, os fabricantes e consumidores de antidepressivos ficaram surpresos quando um relatório científico abordou a questão da eficiência desses medicamentos.

Os resultados foram recebidos com irritação, especialmente por aqueles para quem os remédios em questão possibilitavam conforto e eram o único apoio para uma existência funcional. Parecia que eles vinham tomando medicações que, na verdade, não faziam efeito, como se fossem um comprimido de açúcar.

Ainda é uma questão controversa determinar exatamente onde, na escala de sintomas depressivos, torna-se apropriado prescrever medicação para um paciente, assim como continua controversa a decisão de diagnosticar ou não como transtorno mental.

É óbvio que algumas pessoas se beneficiam muito com eles. No entanto, os números indicam que eles são prescritos de modo muito frequente e um diagnóstico do pesar tem poucas chances de mudar essa tendência.

O que devemos ter em mente a respeito da depressão é que ela envolve mais do que o metabolismo de serotoninas. Vale a pena persistir com a pesquisa de novos remédios que envolvam diferentes moléculas e outros caminhos neuroquímicos.

No século V a.C., um visitante ilustre chegou de uma viagem que saiu de Atenas. Foi Hipócrates, o famoso médico considerado pai da medicina e que certamente sabia curar um acesso de tristeza. Se hoje, o pesar, a tristeza e a depressão são articulados em termos de neurotransmissores e o equilíbrio destes no centro, no passado, eram o resultado de um tipo diferente de desequilíbrio.

Hipócrates compreendia as variações de estado de espírito e o comportamento em termos de humores. Humor é uma palavra de origem grega que significa, literalmente, fluido. A ideia geral era que dentro de nosso corpo havia uma combinação de quatro fluidos, cada um deles com propriedades diferentes, que funcionavam para garantir nossa saúde, tanto física quanto mental. Esses quatro humores eram fleuma, sangue, bile amarela (ou cólera) e bile negra (ou melancolia). De onde elas se originavam?

Descendentes dos elementos cósmicos universais, água, ar, fogo e terra, respectivamente, acreditava-se que os humores eram subprodutos das operações digestivas no estômago, processados no fígado e refinados na corrente sanguínea, irrigando todas as partes do corpo, incluindo o cérebro.

Hipócrates atribuía ao cérebro um papel primário em determinar a saúde, equilibrar as sensações, o pensamento e a emoção: "a fonte de nosso prazer, alegria, riso e diversão, assim como de nosso pesar, dor, ansiedade e lágrimas, não é outra senão o cérebro".

Ele é o órgão que nos permite pensar, ver e escutar e distinguir o bonito do feio, o ruim do bom, o agradável do desagradável. Também é a casa da loucura e do delírio, dos medos e pavores que nos tomam, geralmente à noite, mas, às vezes, também durante o dia.

Um dos aspectos mais fascinantes dos humores é que se acreditava que eles estavam em constante diálogo com o mundo externo e era um reflexo dele. Hipócrates fazia os humores combinarem com o curso das estações e estágios da vida.

Apoiados na autoridade de Hipócrates, os humores sobreviveram com uma teoria válida durante mais de mil anos e passaram por curandeiros, filósofos e médicos, florescendo entre os médicos romanos, na medicina árabe e na medicina europeia durante a Idade Média e o Renascimento.

Dentro da estrutura humoral, o pesar e a tristeza pertenciam à condição de melancolia e eram, assim, causados por um excesso de bile negra. Tal excesso produzia sintomas como o desânimo, a tristeza, a tendência ao suicídio, a aversão aos alimentos e a insônia, uma lista muito parecida com os sintomas de versões antigas de doença depressiva, como a melancolia de Freud.

Alguns dos tratados médicos antigos falam especificamente sobre o pesar como uma reação emocional provocada por acontecimentos externos, como a separação de um ente querido.

Hoje em dia, a teoria antiga dos humores é considerada inadequada para abordar as variações de estado e comportamento que temos em nossas vidas. Mesmo assim, os neurotransmissores e impulsos elétricos de hoje são simplesmente o que os humores costumavam ser milhares de anos atrás. O que o legado da teoria humoral e a recorrência da história do tipo melancólico fazem é nos lembrar do fato de que as emoções de tristeza, pesar e melancolia sempre existiram.

A depressão, o distúrbio do pesar prolongado e a melancolia são permutações da mesma emoção que foram compreendidos em termos diferentes. Não estou dizendo que deveríamos aceitar a teoria humoral, nem que devemos abandonar a pesquisa neurocientífica sobre a base molecular da tristeza. No entanto, devido a alguns problemas no sistema atual de diagnóstico, a diversidade de sintomas e os fatores biológicos envolvidos em uma doença psiquiátrica, a multiplicidade de suas causas possíveis, sem falar da incerteza a respeito de como esses comportamentos contemporâneos podem ser eficientes, há espaço para aqueles que estão sofrendo de pesar. Ainda que Hipócrates considerasse o cérebro um centro importante de emoções e temperamento do indivíduo, seus tratamentos eram direcionados para o corpo todo e valorizavam a condição única de cada doença em cada paciente.

Conclusão: "A cura de tudo está na água salgada: suor, lágrimas ou até o mar", escreveu Karen Blixen, no livro *Seven Gothic Tales* (com o pseudônimo de Isak Dinesen).[26] Essa frase dá ânimo. Conseguimos recompensa em todos os esforços empreendidos. Nós nos sentimos melhor depois do relaxamento que um bom choro traz. Podemos extrair força da calma do mar.

Olhar para o mar é uma atividade de cuidado onde ganho conforto e energia.

O pôr do sol é hipnótico e sempre me leva a um estado de espírito melancólico. A melancolia assume sua forma mais forte ao escurecer. Ela pertence à noite. A luz é um pincel que pinta tudo com tom crepuscular.

Alguém disse que olhar o horizonte é como procurar a imortalidade. A qualidade intrínseca e mais vigorosa da morte é a sua irreversibilidade. Como as velas, a vida queima em apenas uma direção, até não restar mais nada.

Há um poema de Robert Pinsky que encontrei nas minhas pesquisas de trabalho. É assim:

> *Não se pode dizer que uma pessoa morre: é claro que morre...*
> *Mas o estranho é que a pessoa ainda faz uma forma distinta*
> *e presente na mente. Como objeto na mão. A presença na ausência:*
> *não é conforto, é pesar.*[27] Infelizmente, é muito forte pensar assim,
> *reviver na memória e, por meio dessas imagens, ocupar os espaços vazios,*
> *que são grandes demais para serem preenchidos!*
> *"Aqueles que veem uma diferença entre alma e corpo não têm*
> *nenhum dos dois".* (Oscar Wilde)

---

26 Karen Blixen, *Seven Gothic Tales*. The Deluge at Norderney. Penguin, 2002.
27 Citado por Giovanni Frazzetto, op.cit.

> Empatia – A verdade por trás de alguma coisa

A empatia permite que todos os tipos de emoções reverberem entre nós. É a capacidade de reconhecer e identificar o que outra pessoa está pensando ou sentindo, e reagir com um estado emocional condizente. A empatia é a estrutura de nossa vida social. Seja em pensamentos, seja em atos, ela exige, intrinsecamente, uma interação com os outros. Tem o poder de espalhar alegria, euforia e riso, mas também ajuda a mitigar as circunstâncias difíceis, por exemplo, aliviando emoções negativas.

A ansiedade, a culpa e o desespero são aliviados, de certa forma, quando compartilhamos com outras pessoas. A empatia é como um elo invisível com o poder de nos unir a outros seres humanos e barrar a linha divisória entre nós e eles.

"Nada é mais engraçado do que a infelicidade, eu lhe garanto".
(Samuel Beckett)

Depois de passar a madrugada trabalhando, solto a caneta. Dessa vez, não porque eu não sabia continuar, mas porque havia terminado de escrever. Não estava abandonando a página com frustração, torcendo por dias melhores. Eu estava, finalmente, colhendo meus frutos.

Uma fonte de prazer em mim é escrever um poema ou um soneto de vez em quando. Uso o verso para condensar partes da minha vida em fragmentos curtos e agradáveis, séries combinadas de palavras as quais posso recorrer com facilidade, repetindo a mim mesma e compartilhando com os outros para entender as mudanças no modo como vejo a vida.

Às vezes é uma estratégia para transformar uma experiência em algo mais confortável, até mesmo problemas ganham beleza na forma poética. Mas, em geral, é apenas uma maneira de manter vivo meu amor pela linguagem e desafiar minha habilidade de transformar emoções em palavras, compreensão mental em discurso escrito.

Eu estava determinada a terminar este trabalho, fruto de muita pesquisa e otimismo. Conseguia ver o aparecimento de certa confiança, o início de algo alegre e queria celebrar isso o quanto antes.

Sentia que estava próxima de conseguir, mas quem pode comandar o processo criativo? Trabalhei na viagem que fiz a Dubai, pois costumo ficar mais centralizada nas ideias enquanto voo, escrevendo com letras maiúsculas, grifando sílabas tônicas de cada palavra. Eu havia composto as partes restantes do meu trabalho com um conjunto caótico de ideias que precisavam encontrar espaço para se encaixar naquela estrutura fixa. Quem tenta criar algo sabe bem que momentos de êxito se alternam com momentos de frustração. Então, me dediquei a terminar, tentando não deixar a inspiração passar.

A peça que faltava, finalmente apareceu. Fragmentos de felicidade se uniram para formar frases contínuas e sem falhas. O caos desapareceu e abriu espaço para mais ordem. A dissonância floresceu e consegui, desta forma, encontrar palavras para o final.

Toda vez que finalizo algum texto criativo, qualquer um, fico sem acreditar no que acabou de acontecer comigo. Quando, depois de uma descontração da mente, a palavra certa aparece na página e uma frase toma forma no papel diante dos meus olhos, eu sinto uma onda de alegria. Uma explosão de satisfação. Talvez a alegria venha da clareza em minha mente.

"Conte sua idade por amigos e não anos.
Conte sua vida por sorrisos, não lágrimas".
(John Lennon)

> Último, mas não menos importante

Estamos finalmente lidando com emoções agradáveis. Eu falei sobre as emoções negativas antes e deixei as positivas para o fim, porque naturalmente acreditei que seria melhor desafiar você no começo e depois deixá-lo com uma sensação boa e não o contrario – dulcis in fundo – como os romanos diriam.

Também é verdade que, infelizmente, a ciência não dedicou tanta atenção às emoções agradáveis quanto às negativas. Sabemos muito mais sobre a ira, o medo, a irritação e a tristeza do que sobre emoções que nos animam, como a alegria e a felicidade que nos levam ao sentido da vida.

A pesquisa sobre alegria e felicidade só começou a ser levada a sério nos anos 1990. O motivo para tamanha discrepância pode estar apenas no desejo de entender as emoções negativas para podermos evitá-las ou interferir nelas.

O medo é, de longe, a emoção que tem sido estudada mais extensivamente. No começo desse assunto, mencionei dois mecanismos básicos de sobrevivência que estão a nossa disposição conforme atravessamos a vida emocional: a aproximação e a evasão.

As regras são simples: a dor deve ser evitada. O prazer deve ser buscado. Esses dois princípios fundamentais foram pilares de diferentes teorias científicas e filosóficas há milênios. Até mesmo da psicanálise. Freud resumiu sua visão polarizada de regulação emocional quando analisou o que homens e mulheres queriam da vida: "a resposta a isso não pode ser posta em dúvida, eles procuram o sentido da vida, eles procuram a felicidade, querem ser felizes e continuar assim". Essa busca tem duas facetas, um objetivo positivo e um negativo. Ela foca, por um lado, em uma ausência de dor e desprazer e, por outro, na experiência de sentimentos fortes de prazer.

Isso ajuda a chegar a nós mesmos como organismos que sempre procuram estar em equilíbrio com o ambiente. Procuramos um equilíbrio que, em linguagem científica, é chamado de homeostase, e nossas ações e comportamentos são movimentos que nos fazem passar de uma experiência à outra em busca desse equilíbrio e bem-estar. A vida é cheia de obstáculos e também de motivos para sermos felizes e nós passamos de um tipo de situação a outro. Alguns acontecimentos são mais dolorosos do que a média. Sentimos dor e corremos dela, em busca de uma experiência mais aprazível, mas aí pode ser que soframos de novo. De fato, o prazer pode se tornar doloroso e a dor pode dar satisfação ocasionalmente.

O amor é um motivo de alegria assim como é de tristeza, principalmente quando termina, causando pesar. Além disso, a intensidade do prazer e da dor sempre se relaciona com o estado de dor ou prazer em que já estamos.

Mas, para começar, como fiz com todas as outras emoções com as quais lidei até aqui, quero contar como é a alegria.

> Fragmentos de felicidade, alegria, um sorriso.

Pode-se pensar que a manifestação de um sorriso ocorre na boca. De fato, um dos músculos em ação no sorriso é o zigomático, o músculo que se estende das maçãs do rosto até o canto dos lábios. Mas a contração desse músculo por si só não basta para produzir um sorriso verdadeiro. A primeira pessoa a dizer isso foi Duchenne, médico francês que estimulava as expressões faciais colocando eletrodos encapados no rosto de pessoas, cujas fotos Darwin usava para ilustrar seu livro.[28]

Quando um sorriso é sinceramente alegre, o músculo orbicular do olho também se contrai.

O riso não é apenas um sinal de alegria e diversão. A risada pode ser cínica, maldosa, pode até acompanhar atos de violência. De qualquer modo, o riso também é mais do que um rosto sorridente, também exploramos o som da emoção, além de sua aparência visual.

O riso tem uma voz. Por fim, o riso é definitivamente uma expressão social da emoção e não uma atividade solitária.

Todo tipo de criação é auxiliada pelo uso de drogas estimulantes e recreativas. Os níveis de dopamina no cérebro aumentam drasticamente até mil vezes.

Já falei muito sobre a expectativa de prazer, mas o que permeia os momentos de êxtase conforme eles acontecem? Como já aprendemos, a expectativa de prazer e o prazer em si são duas questões diferentes.

Os opióides funcionam ligando receptores no cérebro e conseguem até acabar com a dor. A morfina, por exemplo, é um analgésico muito forte. Mas os opióides também agem sobre o prazer na mesma medida em que agem sobre a dor. Das morfinas, por meio da adição de apenas dois grupos pequenos de acetil, vem a heroína. Felizmente, não precisamos recorrer ao ópio, à morfina ou à heroína para nos beneficiar de alguns dos efeitos analgésicos, calmantes e confortante dos opióides.

Nosso corpo produz suas próprias moléculas semelhantes ao ópio, se ligam aos mesmos receptores e atuam ativando nossas sensações de dor. Esses opióides

---

28 G.B. Duchenne de Boulogne. *The Mechanism of Human Facial Expression*. Cambridge University Press. 1862.

"caseiros" são chamados endorfinas. Na ausência da dor, eles são os causadores de prazer e conforto.

Os opiácios nos acalmam e também são liberados quando alguém simplesmente nos toca. Um carinho é o suficiente para abrir os portões para uma enxurrada de opióides.

Com algumas diferenças, uma noite de sono, uma sonata de Beethoven e uma refeição suculenta têm muito em comum, no que diz respeito a sua localização no cérebro. Procurei uma explicação de como isso acontece.

Os opióides abundam durante o sexo. Quando atingimos o orgasmo, o cérebro parece estar sob o efeito da heroína. Grande parte do sexo, obviamente, ocorre entre as pernas, mas se espalha pelo corpo e o prazer que deriva dele corre entre nossos órgãos genitais e a cabeça. Os fios de tal comunicação são nervos que passam sensações de toque, estímulo de nossos órgãos genitais ao cérebro por meio da coluna. Longas distâncias são cobertas por caminhos neurais, ligando o cérebro às partes do corpo, como o escroto, o pênis, o clitoris, a vagina, o colo e o reto. Só o clitoris é enervado por milhões de ligações desse tipo.

Algumas áreas cerebrais são uma constante. Por exemplo, quando o orgasmo atinge o ápice, o centro de recompensa está certamente envolvido. A quietude no córtex orbital chama atenção.

Como essa é a parte do cérebro que exerce controle sobre grande parte de nosso comportamento, o superego de Freud, é meio reconfortante e se desliga durante o orgasmo, um momento de prazer temporário, livre de qualquer controle mental.

O estudo do orgasmo e a compreensão sobre como ele funciona podem ajudar as pessoas que têm dificuldades para alcançá-lo.

Até pouco tempo, as mulheres com lesões na coluna eram aconselhadas a desistir de ter uma vida sexual satisfatória, porque todos pensavam que o rompimento de nervos desligava os fios do prazer.

"A música é a abreviatura da emoção", disse Leon Tolstói. É difícil não concordar. Quase ninguém consegue resistir ao poder inquietante da música. Uma melodia agradável e um ritmo certeiro podem ser fontes de um prazer extasiante.

O motivo pelo qual gostamos tanto de músicas ainda é um mistério. A função evolucionária da música não é evidente. No livro *A origem do homem e a seleção natural*, Darwin escreveu que "as notas musicais e o ritmo foram adquiridos pelos progenitores masculinos ou femininos da raça humana para seduzir o sexo oposto". Assim, os tons musicais se tornaram firmemente associados a algumas das paixões mais fortes que um animal é capaz de sentir. Então, pode ser que a música tenha se originado no flerte. Para sentir a força arrebatadora da música, é preciso escutá-la. Ninguém sabe ao certo por que e como esse frisson ocorre, mas, no mínimo, é prova de excitação sensorial em resposta à música, e um sinal de prazer. Infelizmente, o prazer e a dor são uma faca de dois gumes. Se você abusar, o prazer reage com uma vingança fria.

O que no começo oferecia uma sensação de conforto pode apunhalá-lo pelas costas mais tarde. Os opióides aumentam os níveis de dopamina, alimentando nosso desejo. Depois de uma exposição repetida a um tipo de prazer, seu centro de prazer se acostuma a ele. O prazer é sufocado. Além disso, depois do pico, vem uma queda.

Continuando nossa pesquisa, observamos que o cérebro é dividido em dois hemisférios idênticos. Isso quer dizer que cada estrutura vem em pares. Quando falamos das funções de cada estrutura ou seu desenvolvimento, uma determinada atividade cerebral, normalmente estamos falando dos dois lados do cérebro. Mas, em alguns casos, trata-se apenas de um. Como exemplo, a felicidade correspondia à atividade cerebral do lado esquerdo, e a irritação a uma atividade do lado direito do cérebro.

De modo fascinante, a atividade cerebral assimétrica, também está por trás da manifestação de um sorriso,[29] um sorriso que envolve a contração dos músculos ao redor do olho.

Uma outra confirmação foi obtida quando foi medida a atividade elétrica nos hemisférios de pessoas deprimidas e cujo desânimo reduzia a propensão a sentir emoções positivas. As pessoas com depressão tinham atividade mais baixa no hemisfério esquerdo em comparação com as pessoas que não estavam deprimidas.

A felicidade costuma ser vista como um troféu distante no fim de um longo caminho. Pensamos nela como algo que obtemos apenas com o tempo, com a resistência, com o sacrifício e passando por caminhos repletos de dor e problemas. Pensamos que ela vem quando nossa vida está resolvida, quando alcançamos

---

29 Duchenne, op.cit.

objetivos de longo prazo e quando nossas circunstâncias finalmente coincidem com uma existência ideal que imaginamos para nós mesmos: um bom emprego, por exemplo, um parceiro dedicado ou uma família, talvez uma propriedade e estabilidade econômica, a ideia de uma vida saudável e despreocupada, permeada por todos os tipos de satisfação pessoal e profissional. Certamente não existem regras fixas para uma vida ideal.

Cada um de nós tem suas próprias ambições. Mas, independentemente de quais sejam, o alcance da felicidade é uma grande motivadora por trás de nossas rotinas diárias, algo que sabemos que precisamos perseguir, porque acontece depois.

Mas, quando alguém me pergunta como estou me sentindo em determinado momento, eu prefiro dizer que estou contente e que estou satisfeita.

A psicologia e a neurociência não estão sozinhas na busca por uma definição de felicidade e dos caminhos que levam a ela. Os filósofos têm criado respostas há muito mais tempo. Nas mãos deles, as perguntas sobre felicidade são inevitavelmente transformadas em questões éticas, como: qual é a melhor maneira de se comportar ou como deveríamos viver?

As ideias dos filósofos a respeito da natureza da felicidade e de como ela é alcançada, de modo geral, adotam uma de duas abordagens fundamentais. A primeira delas é o hedonismo. Como a maioria dos ensinamentos filosóficos duradouros, este se originou na Grécia antiga. Essencialmente, o hedonismo tem que ver com nossos sentimentos mais imediatos de felicidade. É um conceito para que busquemos a gratificação e nos impulsiona a maximizar o prazer e a minimizar a dor.

A outra abordagem fundamental ao alcance da felicidade é a eudemonia, que literalmente significa "bom estado de espírito", mas, normalmente, é traduzida como "florescer" ou "uma vida bem vivida". Tem que ver com o descobrir e cultivar suas verdadeiras virtudes e viver com base nelas.

De acordo com a filosofia eudemonística, há bem além do prazer, conhecimento, família, coragem, gentileza, honestidade e assim por diante, que vale mais a pena buscar. A eudemonia, por outro lado, tem pouco que ver com prazeres passageiros. É a busca de uma garantia melhor de felicidade estável.

Houve uma época na história em que o hedonismo foi melhor visto quando surgiu o Iluminismo. Apesar de o Iluminismo representar o triunfo da razão, era também solo fértil para o cultivo do prazer e da felicidade.

Na verdade, o hedonismo e a eudemonia não são mutuamente excludentes. Você pode moldar seu caráter e desenvolver qualidades admiráveis ao mesmo tempo que exerce a habilidade de ter prazer.

O hedonismo tem uma fama ruim. Isso porque os prazeres hedonistas costumam ser tidos como efêmeros. Vêm e vão. Dependem de outras contingências e tendem a ser imperdoavelmente substituídos pela dor.

Resumindo, pode-se ser hedonista e apoiar a eudemonia. Evitando os contratempos perigosos do prazer, como sequências obsessivas de vício, você pode explorar a alegria que vem de suas predileções.

Porque a vida é curta, mas é ainda mais curta quando vivida de modo infeliz. Basicamente, você não tem que esperar até sua aposentadoria para ser feliz. Uma vida vivida com raiva, medo ou culpa será mais curta do que uma vida de alegria. Os momentos alegres se unem e formam uma vida mais feliz.

Momentos de alegria, o tempo que você passa sorrindo e gargalhando e, de modo geral, de bom humor, têm repercussões tangíveis em nosso bem-estar. Vestígios deles podem ser encontrados em nosso corpo.

"Um dia sem rir é um dia perdido", disse Charles Chaplin.

Por trás do aumento da capacidade de sentir dor está a liberação de endorfina. De modo geral, uma atitude positiva melhora a saúde física. Sentir-se calmo, alegre e forte e não triste, tenso ou irritado, pode até aumentar sua resistência a resfriados. Independente de sentir-se ou não incomodado quando alguém lhe pergunta se você é feliz, os psicólogos aprenderam quantificar a felicidade.

Em um livro sobre a ciência da felicidade, o economista Richard Layard fala sobre os sete principais fatores que contribuem para a felicidade: saúde, emprego, renda, liberdade, valores que contribuem para a relação familiar e a amizade. Destes, ao contrário do que se pensa, o dinheiro e nossa situação financeira são, na verdade, os menos influentes. A felicidade não aumenta necessariamente como consequência de uma renda mais alta. As pessoas ricas não são mais felizes do que as pobres. Pesquisas mostram que, quando o que recebemos cobre nossas necessidades básicas, o dinheiro que vem além, não nos traz felicidade. No máximo faz as pessoas desejarem ter ainda mais.

O que parece fazer diferença nos níveis de felicidade é como escolhemos gastar o dinheiro. Principalmente se separamos uma quantia para gastar ou se o usamos de modo mais altruísta. Numa pesquisa sobre a felicidade, pessoas mais felizes eram aquelas que gastavam mais com os outros.

Relações sociais satisfatórias melhoram a finalidade da vida e aumentam consideravelmente a longevidade. O efeito de ter bons amigos é equivalente ao efeito de parar de fumar e é maior do que o efeito dos exercícios físicos e da abstinência de álcool.

Os amigos têm a capacidade de elevar nosso astral, e nossas relações com eles parecem nos afetar profundamente, sob a nossa pele. Se as emoções positivas têm efeitos benéficos em nosso corpo e em nossa saúde, deveria ser possível descobrir indícios físicos de tais melhoras.

"As amizades de um homem são uma das melhores medidas do seu valor" (Darwin).

> A Neurociência

Frazzetto, neurocientista, estudioso, pesquisador por quem muito me encantei, questiona: "Podemos colocar razão no amor, uma vez que ele é complexo, não reconhece leis, é fugaz e, por definição, é uma forma de insanidade? Podemos, e devemos, recorrer à ciência para assuntos do coração?".[30]

A totalidade desses elementos faz o alinhamento de duas trajetórias de vida parecer tão raro que tornaria um eclipse solar algo comum.

E quando o coração de outra pessoa não está pronto, há muito pouco que possamos fazer para liberá-lo. Não há flores, poemas ou surpresas charmosas que a convençam a se entregar.

Na minha opinião, o que mais importa no amor é a arte da jornada, a empreitada frágil de construir a confiança, dia a dia. É criar espaços para o respeito mútuo e para o inesperado. Significa desenvolver-se individualmente e em par, com gratidão e responsabilidade.

---

30 Giovanni Frazzetto, op.cit.

Nenhuma visão por si só é eficiente ou satisfatória. Mas por quê? A poesia provou em parte que o amor flui perpetuamente do fruto humano. Mas onde está a secreta origem da eterna mocidade do amor? Por que o homem ama então? Por que amamos? Assim como fome e amor se alternam no indivíduo, assim gira a vida.

> Alegria, culpa, raiva e amor

O que a neurociência explica, ou não explica, é como lidar com nossas emoções. O roteiro neural do cérebro pode nos dizer como nos sentimos?

A neurociência tem revelado nossas emoções, estudando o cérebro e percorrendo o caminho da vida. A visão neural das emoções esclareceu e embelezou algumas das qualidades dessas mesmas emoções. Casos sobre raiva, culpa, medo, tristeza, alegria e amor revelarão como a rede neural de uma emoção pode ser uma fonte inesgotável de surpresa. Mas também pode nos deixar confusos.

Desbravar os segredos do cérebro humano se tornou uma oportunidade para uma reflexão profunda.

Era como decifrar uma história escrita em códigos sobre a mente. Tecidos cerebrais, células neurais e sequências de DNA eram os protagonistas de uma história que, fato após fato, revelava novas verdades. Por mais que pesquisasse, sempre parecia que havia algo faltando. Uma questão puxava outra, cada experimento pedia confirmação, os resultados precisavam ser analisados de novo.

Cara a cara com as minhas emoções, mesmo as mais passageiras penetram em todos os aspectos de nossa vida. Em um momento estamos tristes, no momento seguinte, sorrindo esperançosos.

Com frequência umas emoções nos perseguem, outras nos iludem. As emoções podem também nos ferir, ou nos consumir.

Em outros momentos, elas nos erguem e nos levam para longe. É por isso que, às vezes, pensamos que seria útil saber como nos livrar de algumas de nossas emoções ou, pelo menos, aprender a domá-las. Normalmente, como no caso das emoções alegres, gostaríamos de poder revivê-las sempre que quiséssemos.

Conta-se que Sócrates, o grande filósofo ateniense, nos últimos dias antes de sua morte, aproximadamente 399 a.C., leu um livro de Anaxágoras, um cientista contemporâneo. Ele havia escutado a notícia de que Anaxágoras havia descoberto um elemento chamado *noûs* (em grego, mente) que explicava a natureza de todas as coisas. Sócrates pretendia aprender os segredos da vida com ajuda daquele livro. No entanto, quando percebeu que *noûs* era apenas uma força que comandava os elementos da natureza, ar ou água, por exemplo, e não podia lhe dizer muita coisa sobre o sentido da vida, muito menos como ela deveria ser vivida, ficou totalmente decepcionado.

A ciência não era o caminho para o autoconhecimento. Essa pergunta, como obter conhecimento científico para aprender a viver, ou a se conhecer, manteve-se presente no milênio seguinte.

Continuei procurando material para escrever o meu livro sobre a vida e, de repente, li um texto revelador: a transcrição de uma palestra realizada em 1918 pelo sociólogo e filósofo alemão Max Weber (1864-1920), intitulada "Ciência como vocação". Pelo título, eu estava esperando encontrar um reflexo de minha paixão sobre a pesquisa. No texto, Weber fala a um público de jovens alunos sobre o sentido e o valor da ciência para as questões mais pessoais e mais amplas da vida. A mensagem final não era motivadora. Para Weber, a ciência era responsável por um processo de profunda racionalização intelectual que ele chamou de desencanto. Em alemão, *entzauberung*.

A ciência significava progresso humano sim, mas não era necessariamente sinônimo de uma vida repleta de sentido existencial, porque a ciência nos ensina, apenas, a dominar a vida por meio de cálculos.

Fiquei meio decepcionada. Como a ciência podia não ter sentido, não ter valor? Meu encantamento com a ciência manteve-se ileso. A pergunta de Weber a respeito de como ela poderia me ajudar a entender a vida ou a mim mesma ficou em minha mente.

Na verdade, quase um século depois, essa pergunta se torna cada vez mais incisiva para estudiosos do assunto.

No início do segundo milênio, vivemos em um mundo profundamente dominado pela ciência e pela tecnologia. A facilidade incrível de informação referente ao cérebro à nossa disposição transmite a ideia de que o que importa mais em nós é uma rede de neurônios, e que se aprendermos mais como os neurônios funcionam, chegaremos mais perto de entender quem somos.

Uma crença entusiasmada reverbera: decifrar o código misterioso do cérebro permitiria que aderíssemos ao antigo ditado "conheça a si mesmo", utilizando a ciência corretamente para explicar nossa existência (mesmo em nossas emoções, aquele território mais secreto e sombrio).

Mas o roteiro neural do cérebro pode nos dizer como nos sentimos? A neurociência tem revelado muito sobre nossas emoções. Também direi o que essas descobertas significaram para mim enquanto seguir o curso da minha vida. O estudo neural das emoções que senti esclareceu ou embelezou alguma das qualidades dessas emoções e casos de raiva, culpa, medo, tristeza, alegria e amor revelarão como a rede neural de uma emoção pode ser uma fonte inesgotável de surpresa, como também pode ser motivo de confusão e incompreensão.

> *"A raiva reside apenas no peito dos tolos".*
> Albert Eistein

> *"Todo mundo pode ficar bravo, isso é fácil. Mas ficar bravo com a pessoa certa, no nível certo, no momento certo, pelo motivo certo e do jeito certo, isso está não está dentro do poder de todos e não é fácil".*
> Aristóteles

> O controle das emoções

O sistema nervoso autônomo regula a maior parte das funções involuntárias do corpo, incluindo os batimentos cardíacos, o peristaltismo gastrointestinal, as secreções de hormônios, as funções das principais glândulas, entre outras. O sistema nervoso controla mais de 90% das funções do nosso organismo. O coração é enervado por este sistema e exerce ação intensa, praticamente de comando.

Nosso coração, mesmo com uma frequência constante por minuto, sempre apresenta variação de tempo entre uma batida e outra, reflexo da ação intercalada do simpático e do parassimpático. Sabemos que essa variabilidade é uma linguagem pela qual o coração expressa o status do Sistema Nervoso Autônomo e, naturalmente, das centenas de reações que ocorrem em nosso corpo a cada minuto.

A sincronia entre simpático e parassimpático faz com que o coração acelere e reduza seus batimentos alternadamente em ritmo harmônico.

Segundo Dr. Rollin Mc Craty, Ph.D do Instituto Heart Math, a coerência cardíaca é: "um estado otimizado no qual o coração, a mente e emoções operam em sincronia e equilíbrio. Fisiologicamente, os sistemas imunológico, endócrino e neurológico funcionam em um estado energeticamente coordenado e harmônico."

Como saber quando alguém se encontra naturalmente em estado de coerência? É um estado que traz uma série de benefícios para sua saúde física e mental. Precisamos aprender a ser nós mesmos os geradores da emoção que queremos sentir. Devemos vigiar nossas emoções e não deixar que nossa vida seja um curso automático. (É somente o momento presente, o "agora" que existe). Temos que gerar o estado de coerência voluntariamente.

Apesar da variabilidade e reflexo do status da sua fisiologia, ela também pode ser manipulada por meio dos exercícios. E esse estado de coerência cardíaca proporciona:

- Redução da pressão arterial
- Equilíbrio do S.N.A
- Aumento da performance cognitiva
- Aumento da imunidade
- Maior adesão a hábitos saudáveis
- Aumento da calma e do bem-estar

Os benefícios cognitivos descobertos ocorrem devido à comunicação existente entre coração e cérebro. Das fibras nervosas que permitem a comunicação entre esses órgãos, menos de 20% apenas são eferentes, ou produzem um hormônio chamado oxitocina (hormônio do amor). Por isso, instintivamente, usamos o símbolo do coração para falar de amor.

No momento em que a mulher dá à luz são liberadas altas doses de oxitocina em seu organismo. Esse hormônio também promove a ejeção do leite materno, além de despertar na mãe um intenso amor por aquela criaturinha.

O coração surge no embrião antes da sexta semana de gestação, quando ele ainda tem milímetros de comprimento, sem cérebro, pulmão ou qualquer outro órgão importante, o que nos leva a questionar se o seu papel é somente o de bombear o sangue. Afinal, para que bombear o sangue nesta fase?

Estudos sugerem que o coração faz o papel de maestro por meio do campo eletromagnético e da variabilidade de frequência, coordenando o processo de multiplicação celular a fim de que aquele corpo tenha ressonância e se torne a verdadeira expressão do eu (consciência) do indivíduo. O coração faz a ponte entre essa consciência e o corpo em formação. Talvez seja por isso que toda vez que nos referimos a nós mesmos apontamos para nosso peito, na altura do coração.

O fato fenomenal sobre o nosso coração é que ele envia aproximadamente 90% que recebe dos pulmões para os demais órgãos, sem enviar nada para si próprio, mesmo sendo um órgão que também necessita de oxigênio e trabalha 24 horas por dia! Sua alimentação ocorre por meio do fluxo das coronárias, que se faz por refluxo quando ele relaxa. Nenhuma artéria que irriga o músculo cardíaco sai dele próprio: quase todo o sangue vai para os demais órgãos. O que sobra para ele é mais do que suficiente para bombear seus 230 milhões de litros em uma vida. Bem diferente do exemplo que temos visto na humanidade em geral. Quanto temos a aprender com o coração...

A melhor maneira de praticar o estado de coerência, no exercício de "freeze frame", é iniciar com uma respiração lenta, profunda e rítmica, imaginando a circulação do ar em torno do coração, além das emoções positivas.

Quando falamos dessas emoções estamos nos referindo àquelas derivadas do amor, descritas anteriormente. As negativas são as derivadas do medo e ansiedade. As positivas são as emoções que recarregam nossas "baterias", e mantêm o estado de coerência do corpo, com todos os seus benefícios. As emoções negativas drenam a energia do nosso corpo.

Não adianta acreditar que o mundo ao nosso redor nos trará motivos para ter emoções positivas. Para viver em estado de coerência psicofisiológica, nós termos que ser a fonte geradora das emoções que desejamos vivenciar. Não podemos esquecer de que a nossa tendência é seguir sempre as emoções; não a lógica.

O indivíduo infeliz espera a felicidade por meio de suas experiências; o indivíduo feliz leva a felicidade às suas experiências.
(Autor desconhecido)

Um indivíduo vivendo sob a influência de emoções derivadas do amor, com alta frequência, receberá em vários pontos de sua molécula de DNA o estímulo dessas emoções, permitindo uma expressão maior e mais completa do seu potencial genético.

Já o contrário ocorre com indivíduos vivendo sob o domínio de emoções derivadas do medo, de baixa frequência, cujas ondas mais longas e lentas tocarão menos pontos dessa molécula, limitando seu potencial de expressão.

É muito importante praticarmos e vivenciarmos voluntariamente emoções como a gratidão. Elas só acrescentam valor às nossas vidas, e o resultado é um estado harmônico de grandes realizações e proteção. Atualmente os conceitos da física quântica nos mostram que tudo aquilo que atraímos neste plano material é fruto do campo de energia ou vibração gerado por nós mesmos. Aprendendo a controlar as emoções, teremos as rédeas da nossa vida, do nosso destino nas mãos, e um outro sabor de viver!

9 >
Fundamentos da personalidade

Quando nascem, as crianças têm bases fisiológicas, emocionais e cognitivas distintas para o desenvolvimento da personalidade. Cada criança desenvolve seu próprio modo de se comportar, dessa maneira formando modalidades coerentes de ação sobre as pessoas e condições que a cercam.

O plano inteiro da vida emocional da criança já foi lançado firmando-se sua disposição nesse sentido. Nesta idade, os pais já percebem se será um indivíduo lamuriento e queixoso, ou inseguro e medroso. Todas as condições e situações que propiciam insegurança e promovem relacionamentos indesejáveis interferem no desenvolvimento da personalidade da criança.

Psicólogos e psicanalistas concordam que, uma vez estabilizada tal modalidade, há necessidade de psicoterapia educativa ou intuitiva de longo prazo a fim de "corrigir" e estimular o interesse por metas estratégicas eficientes para enfrentar a vida.

A fase de transição, quando a criança passa da primeira infância para a segunda, é caracterizada por uma grande reorganização e maior diferenciação de características emocionais.

O início da segunda infância é uma idade muito temperamental, marcada por expressões difusas e distintas de reações biológicas vitais e sentimentos psicossociais. O medo é evocado para qualquer coisa ameaçadora.

> Necessidades emocionais

A necessidade de afeição é mais que um sentimento ou expectativa, é uma necessidade humana fundamental.

A segurança emocional é uma outra modalidade básica na segunda infância. O uso eficiente da fala dá a criança um meio valioso de autoexpressão. As crianças americanas, em sua maioria, têm dificuldade de enunciar th, j, r, s, z, h, g e ch, geralmente nesta ordem de frequência. Quando a criança começa a usar todas as partes da fala em frases, ela entra no nível da fala adulta.

> Adolescência

O período da adolescência pode ser considerado de formas diferentes por vários autores. Adolescência é "aquela amplitude de vida de uma jovem pessoa entre o fim óbvio da puberdade e o término do crescimento ósseo".

Esta definição biológica pode ser complementada por uma referência psicológica como "uma situação marginal em que têm de ser feitos novos ajustamentos, que distinguem o comportamento da criança do comportamento do adulto em uma sociedade".[31]

Salzman supõe que a adolescência seja vista como uma época de desenvolvimento sadio ou um estado perturbador.[32] Depende das atitudes dos adultos em relação à independência que desponta do desabrochar de interesses sexuais, da tendência à preocupação e interesse pelos valores estéticos e questões morais de maneira que perturbem a cultura existente.

Concluindo que "a adolescência é uma época de desenvolvimento fascinante, de possibilidades variadas de crescimento para cada indivíduo.

Além de tudo, uma fase que transporta pesados encargos e por isso é caracterizada por grande aflição e angústia mental".

Em geral, o adolescente é profundamente sensibilizado por seu ambiente social e sua estrutura, muitas vezes, parece estar em contradições. Durante alguns anos, seu comportamento é, até certo ponto, marcado por instabilidade e incoerência. Em certos momentos fica confuso com relação a seus papéis, o estresse e as alegrias seguem uma sequência imprevisível.

Uma parte da vida do adolescente é como um sonho interminável em uma noite escura. Com frequência, o adolescente torna-se profundamente consciente de

---

[31] Rolf E. Muss. *Teorías de la adolescencia*. Paidós, Buenos Aires, 1969.
[32] Leon Salzman. *Treatment of the obsessive personality*. J. Aronson, 1982.

muitas matérias da vida e questões que se relacionam a si e aos outros. Procura ansiosamente oportunidades, para se divertir, ter prazer e excitação, mas também se preocupa com as expectativas alheias, especialmente as do sexo oposto. Com sua liberdade para novas experiências e aventuras.

Não é fácil estabelecer um equilíbrio entre a busca do prazer e a prestação de contas à família e à sociedade.

> **Puberdade**

Já na puberdade, que é um estágio de emoções intensas, no qual surgem sentimentos mais fortes com relação às suas próprias atitudes, o púbere torna-se cada vez mais sensível e reage fortemente aos eventos sociais.

Enquanto o adulto é capaz de controlar suas emoções, o adolescente quase sempre é levado pelos sentimentos.

Na puberdade ocorre o desenvolvimento por maturação sexual.

Os sentimentos ambivalentes são mais a regra do que a exceção. Na adolescência, muitas vezes, os sentimentos são contraditórios, isto é, amor e ódio, interesse e apatia. O esforço para progredir, a maturação social, emocional e sexual têm a probabilidade de ser a tarefa mais difícil do período puberal.

A instabilidade emocional é a contrapartida das mudanças fisiológicas e sociais que ocorrem durante a puberdade. Cresce a ambivalência pelos principais motivos de domínio, incerteza e hostilidade.

Na adolescência, há sinais físicos de algumas perturbações. Na puberdade, a secreção das glândulas sebáceas resulta em erupções cutâneas e acne. Alimentação irregular, agitação emocional, dificuldades em relacionamentos sociais e por vezes conflitos.

As fases de desenvolvimento da puberdade não são particulares deste período, porque se estende à parte final da adolescência.

> Aparência

A preocupação do adolescente é mais com sua aparência, inclusive características físicas. Para ser aceito ou conseguir popularidade, o adolescente precisa estar conforme os padrões e expectativas do meio social e, por isso, sua atenção frequentemente é focalizada em si próprio.

> Aproximação biológica

Assim como a fome e o amor se alternam no indivíduo, assim gira a vida. A resposta muito mística à pergunta "o que é o amor?" implicaria a existência de uma alta consciência filosófica.

Os que não sentiram esse estranho impulso, ou o sentiram debilmente, morreram sem deixar prole. Por isso a grande fome do amor cresceu com cada nova geração; e não nos admiramos de que se tornasse uma paixão dominante. Talvez seja este o caminho que o amor seguiu. Nem sequer constitui um complexo, já que não pode ser considerado inconsciente ou anormal; é apenas o caminho que a natureza percorre no preparo da criança para o amor.

É na puberdade que o amor dá seus primeiros sinais. Literalmente, puberdade significa a idade do aparecimento dos pelos, em particular no peito e no rosto dos homens. Esta repentina alteração mais o engrossamento da voz, figuram entre "os caracteres sexuais secundários". Na mulher ocorre o alargamento da pélvis, que facilita a maternidade e o enchimento dos seios para a nutrição dos filhos.

Há na vida, disse Romain Rolland, "certos períodos durante os quais silenciosamente se realizam mudanças orgânicas no homem ou na mulher. São mudanças da maior importância". Novos sentimentos palpitam na alma; a imaginação floresce, a poesia nasce em certa idade. O amor imagina a beleza, procura a beleza e também pode criar a beleza.

Em tudo e por tudo o período da puberdade é uma época maravilhosa e trataremos desse assunto no desenvolver das fases da vida. As idades que vêm depois sempre olham saudosas para esse período lindo, a primavera de todas as forças,

Cada pessoa que passa pela vida não passa sozinha porque deixa um pouco de si, deixa sua marca, e leva um pouquinho de nós.

tempo das semeaduras, berço de todas as paixões nobres. A puberdade é a "renascença da vida". Que mistério trabalha no íntimo do corpo, para dar origem à mais bela flor da nossa vida: o amor.

> Maturidade

Uma pessoa madura estrutura o ambiente e é capaz de se perceber objetivamente no outros. O indivíduo, de qualquer sexo, adquiriu uma identidade pessoal e uma integração da personalidade total. No processo de viver, a pessoa madura conduz consigo a tarefa de evoluir para seu nível de vida e cria uma quantidade sempre crescente de capacidades para fazer frente ao presente e ao futuro.

> Seleção de um parceiro

Ao mesmo tempo que as oportunidades vocacionais estão atraindo o jovem adulto, o mesmo acontece em relação à escolha de uma esposa e o estabelecimento de um lar.

A escolha de um parceiro conduz ao amor mútuo e ao casamento, eleva-se firmemente e atinge seu pico no início da vida adulta. O desejo universal de amar e ser amado encontra satisfação completa no casamento, assim como desejo de superação pessoal. O crescimento da personalidade continua através da primeira fase da idade adulta e em alguns aspectos vai até os anos finais da senectude.

A adolescência intermediária é um período de oscilação acentuada entre os ânimos polarizados.

No final da adolescência, as reações emocionais tornam-se mais maduras e adultas, resultando numa intensificação do impulso sexual e da profunda ligação sexual. Os adolescentes são capazes de raciocínio e teorização lógicas a respeito de proposições formais.

Nos anos finais da adolescência, o indivíduo está intensamente interessado em estabelecer e fomentar amizades heterossexuais, mas a sensibilidade emocional e a maior consciência de si próprio coincide com a facilidade de comunicação entre os sexos.

No início da vida adulta, senão antes, as possíveis escolhas de um parceiro para o resto da vida vão se tornando mais estreitas, até que seja tomada uma decisão, com maturidade pessoal.

Além disso, na idade adulta advém um afrouxamento no exercício das funções cognitivas para muitas pessoas. E na idade avançada, a maioria dos aspectos da percepção e alguns de cognição declinam de uma forma moderada.

Com a senectude, há o declínio cada vez mais acentuado de novas amizades e uma perda gradual em consequência de mudanças, aposentadoria, ou morte dos velhos associados. Por isso as pessoas, na senectude, estabelecem o processo de socialização em ordem inversa.

> Desenvolvimento da idade adulta

O início da fase adulta é o período da consolidação máxima do progresso em desenvolvimento. É a introdução ao trabalho, casamento e criação de filhos, próprios da vida adulta.

As tarefas específicas do início da fase adulta incluem a consciência de interdependência emocional, social e econômica, juntamente com o casamento, paternidade e estabelecimento do lar.

Neste estágio da vida, as pessoas estão estabelecendo a configuração de sua personalidade adulta, qualquer que seja o sexo, aumentando a autorrealização e continuando o processo de desenvolvimento e ajustamento.

Durante o final da adolescência e princípio da vida adulta, os sentimentos para com os pais devem tornar-se e ser acolhidos com respeito mútuo.

A avaliação de decisões, ações ou pessoas em termos das opiniões ou ajustamento com a aprovação dos pais, são características de um nível anterior de desenvolvimento social-emocional.

A consecução da interdependência emocional dos pais não implica a autossuficiência completa. Ao invés, a pessoa sempre permanece independente em relação aos outros.

A afeição, segurança, status e necessidades correlatas agora são satisfeitas principalmente pelo parceiro de casamento.

A integração na sociedade adulta essencialmente pressupõe autonomia econômica, isto é, a capacidade de uma pessoa sustentar-se, bem como à família.

Via de regra, o jovem adulto pode sustentar-se economicamente.

A independência econômica exige, juntamente com a liberdade de dependência financeira, a aceitação de responsabilidade no que tange às finanças.

Os jovens adultos, especialmente no estabelecimento de um lar, geralmente se endividam. O pronto pagamento das contas e dívidas exige um certo grau de perspectiva e maturidade.

Sem embargo, o endividamento é sinal de descontrole financeiro e sintoma de dependência emocional.

> Saúde, atividade e nutrientes

A parte principal da vida não termina abruptamente com a entrada nos anos adultos. O corpo, com todos os seus órgãos e sistemas, continua a funcionar em nível satisfatório através desta fase.

A decadência mental gradual muitas vezes tem origem nos anos anteriores. Isso é lembrado pelos nossos sentidos mais centrais, como a visão e a audição. Na visão, o cristalino começa perder sua capacidade de acomodação, porém a acuidade visual continua quase a mesma até cerca de 40 anos, aí a visão declina de modo bastante acelerado.

Pode haver uma perda progressiva da capacidade para ouvir os tons mais agudos, o que é claramente perceptível depois dos 50 anos. Por esta razão, o prazer em ouvir música diminui ligeiramente.

O corpo humano é um complexo ajustado por órgãos que mantêm a homeostase fisiológica. Com a idade, este equilíbrio é perturbado com mais facilidade e a recuperação de uma doença ou de uma condição torna-se mais difícil.

Com alteração do metabolismo, muitas pessoas sentem dificuldade de manter seu peso normal. Já que em muitos casos o exercício físico declina, acumula a tendência para o peso excessivo e começam a aparecer outras tendências metabólicas.

Podem aparecer sinais patológicos, nem sempre identificados inicialmente. E também podem ocorrer as primeiras lesões e tumores indicativos de neoplasia.

Os cálculos na vesícula biliar e nos rins formam-se com mais facilidade do que antes. Após esta idade, em muitos outros sistemas do corpo, alguns fatores físicos completos mudam. É necessário de tempos em tempos um check-up médico.

> A epigenética

Não são os nossos genes que, por livre e espontânea vontade, determinam a manifestação de uma doença. Existe a necessidade de uma ativação. Assim como há recursos e informações que ativam determinados genes, há também informações que os inativam ou silenciam.

Essa é uma das bases da medicina integrativa, que também tem como fundamento a epigenética.

Mas o que é a epigenética? É o controle "acima" da genética. Segundo a definição de um Ph.D. em biologia celular, norte-americano, Bruce Lipton, epigenética é o estudo dos mecanismos moleculares por meio dos quais o meio ambiente controla a atividade genética.[33]

Com a descoberta do nosso DNA pelos cientistas Watson e Crick em 1953, iniciou-se a corrente do determinismo genético, segundo a qual nosso destino biológico está traçado pelos genes. Porém, com o desenvolvimento de inúmeras pesquisas no campo da biologia celular, percebeu-se que não é exatamente assim. Poderíamos comparar o genoma, nosso material genético, a um livro de receitas.

A maioria de nós tem em casa um livro de receitas, mas isso não significa que utilizemos todas elas diariamente. Selecionamos e executamos apenas as que nos interessam. O mesmo ocorre com nosso material genético; em vez de chamá-lo de livro de receitas o chamamos de predisposição genética. No caso das patologias que acometem o ser humano, isto se aplica a pelo menos 96% delas.

Somente 4% das doenças são estritamente genéticas, ou seja, ligadas a um único gene, o que significa que sofrem pouca influência do meio para se manifestar.

---

[33] Bruce Lipton and Steve Bhaerman. *Spontaneous Evolution: Our Positive Future* (and a Way to Get There from Here. Hay House: Carlsbad, CA, 2009. Bruce Lipton. *The Biology of Belief:* Unleashing the Power of Consciousness, Matter & Miracles. Hay House: Carlsbad, CA, 2008.

No entanto, por mais que pareça uma grande novidade, a epigenética não é algo tão recente. Há vários anos, os assuntos são relacionados à genética.

Vamos tratar do aspecto "dieta". Quem não conhece alguém que já fez vários tipos de dieta e continua acima do peso? O simples fato de um indivíduo restringir calorias e a quantidade de alimentos e passar a comer o que não lhe traz prazer estressa o corpo, estimula o afloramento de genes de proteção, reduz o metabolismo e faz com que o organismo ative um processo de retenção, aumentando os depósitos de gordura, um mecanismo natural de defesa contra o estresse. Por isso não recomendamos dieta. O que será apresentado de forma sumária é um modelo nutricional para que você entenda e aprenda sobre parâmetros de alimentação em que não existe uma restrição severa do volume ingerido, e sim uma orientação sobre os tipos de alimentos e a melhor combinação entre eles para correção dos parâmetros inadequados. Vivemos em um mundo de severos contrastes. Hoje mais de 2/3 da população norte-americana vive com sobrepeso e, ao mesmo tempo, 770 milhões de pessoas no mundo passam fome.

Sabemos que esse problema da fome não é causado pela falta de alimentação, mas por uma questão de logística.

Se associamos mais alimentos ao prazer e temos pouca motivação para mais saúde e esportes, por exemplo, vai ser difícil mudar esse hábito, por mais que estejamos conscientes de seus malefícios.

Dietas não funcionam, pois normalmente são vinculadas a dor e sofrimento, gerando estresse e reações fisiológicas de redução do metabolismo, estoque de gordura como defesa, bem como a destruição de massa muscular, tão importante para a nossa saúde, além de danos cognitivos no âmbito do raciocínio, da memória, da criatividade, entre outros.

O caminho é uma mudança do "software" interior, uma nova consciência que abre as portas a uma nova realidade em sua vida.

O corpo humano é uma máquina espetacular composta por mais de 70 trilhões de células funcionando em perfeita harmonia e capaz de desempenhar verdadeiros milagres diariamente.

São mais de 150 mil quilômetros de artérias e veias nas quais 8 mil litros de sangue são bombeados por dia – 230 milhões durante a vida toda.

Se considerarmos tudo isso, como podem estar acontecendo tantas doenças e como podem 70% dos cidadãos de uma nação tão desenvolvida como os Estados

Unidos estarem com sobrepeso? A resposta está no fato de que todo conhecimento sobre aspectos científicos e bioquímicos que compõem o corpo humano e o fazem funcionar não está sendo utilizado de maneira eficaz.

A energia é produzida dentro das células de nosso corpo, em organelas chamadas mitocôndrias. No entanto é necessário um cenário bioquímico ideal para que ocorra a produção de energia com a presença de alguns elementos fundamentais. O primeiro desses elementos é o oxigênio.

Oxigênio
> Apesar de o corpo ser capaz de produzir energia anaerobicamente, ou seja, sem a presença do oxigênio na reação, essa produção de energia é reduzida e pouco representativa.
> É necessária a presença de oxigênio para a maximização da produção de energia (produção aeróbica). Praticamente a única maneira de se aumentar o número de mitocôndrias e de hemácias em nível suficiente para causar modificação significativa da produção de oxigênio é por meio da atividade física.
> Vale lembrar que as células de um câncer se utilizam basicamente de metabolismo anaeróbico, pouco eficiente para produção de energia, por isso são ávidos por açúcar, para alimentar seu desordenado crescimento. Como o oxigênio é venenoso para o câncer, não devemos nos esquecer de uma lição diária: "respire mais e morra menos". Por causa do estresse e da falta de atenção ao ato de respirar, acabamos realizando a respiração de maneira superficial. Dedicar atenção e alguns momentos para realizá-la consciente e corretamente aumenta a produção de energia celular e cria um ambiente interno hostil ao câncer, além disso, equilibra o sistema nervoso autônomo e relaxa.

PH equilibrado
> O segundo elemento é o PH correto de cada órgão ou tecido. Para quem faltou à aula de Química, o PH refere-se ao grau de alcalinidade ou acidez de qualquer alimento, cujo número varia de 0 a 14. Elemento de PH entre 0.1 a 6.9 é ácido; de PH 7 é neutro; e entre 7.1 e 14 é alcalino.

> Estudos mostram que uma dieta predominantemente alcalinizante traz inúmeros benefícios para a saúde humana.
> Para nossa saúde, a acidez celular afeta as mitocôndrias, reduzindo significativamente sua produção e contribuindo também para os quadros inflamatórios que citaremos mais adiante.
> Para se ter uma ideia de até onde o corpo pode chegar para se corrigir um PH ácido, causado pela ingestão de produtos acidificantes, como alguns refrigerantes, por exemplo, ele pode buscar nos ossos o cálcio necessário à corrente sanguínea para aumentar o PH, o que pode causar osteoporose e cálculo renal; sem esquecer que o câncer também tem preferência por ambientes ácidos.
> Toda e qualquer ação que leve nosso organismo à alcalinidade é também uma ação anticâncer.
> Existem listas com alimentos e suas características alcalinizantes ou acidificantes na internet.

Ausência de toxidade
> Quanto maior a toxidade, menor a absorção de nutrientes pela membrana das células e, portanto, menor produção de energia.
> Essa ausência de micronutrientes necessários, como vitaminas e minerais, também prejudica o ciclo de produção de energia.
> Os efeitos prejudiciais são silenciosos e lentos. Ao se pesquisar, descobre-se que contribuíram significativamente para o surgimento de grande parte das doenças crônicas cuja incidência tem aumentado a cada dia, seja como câncer, doenças degenerativas autoimunes e neurológicas como Parkinson e Alzheimer.
> Naturalmente, a intensidade e a velocidade desses efeitos tóxicos são diretamente influenciadas pelo aumento de atividade física regular, pelos níveis de estresse e pela qualidade da alimentação e suplementação de cada indivíduo.

A alimentação
> É responsável pelo comprometimento dos níveis de energia e pelo surgimento de grande parte das doenças.

> Citaremos quatro entre as mais comuns:
>   • Alto grau de inflamação;
>   • Elevado nível de acidez;
>   • Elevado nível de insulina;
>   • Elevados níveis de oxidação/radicais livres.

Acidose
> Alguns alimentos tornam o organismo mais ácido e os outros o tornam mais alcalino. Vamos optar pelos que alcalinizam nosso sistema, pois o indivíduo alcalino é mais saudável. O câncer, por exemplo, costuma se manifestar em metabolismos mais ácidos.

Inflamação
> Determinados alimentos causam um aumento na produção de insulina do organismo, elevando sua resistência a ela, bem como os níveis de gordura intra-abdominal. É a chamada síndrome metabólica, que contribui para o aumento das citocinas inflamatórias, passíveis de detecção em exames de sangue.
> Esses marcadores inflamatórios são os verdadeiros vilões do risco cardiovascular e também são estimulados pelo estresse descompensado, gordura saturada, gordura trans, e algumas toxinas.
> Estamos acostumados com o termo inflamação, porém de maneira mais localizada, como inflamação da garganta, de ouvido ou até no intestino. Mas níveis elevados destas citocinas inflamatórias se refletem em um processo inflamatório sistêmico, ou seja, generalizado. Talvez nem todos saibam, mas o enfarte é um processo inflamatório, assim como o Alzheimer ou a úlcera, por exemplo. Podemos dizer que o quadro inflamatório sistêmico é a base para a maioria das doenças degenerativas que conhecemos e que tanto vêm aumentando no mundo todo. Também um crescimento significativo de mortes por doenças cardiovasculares, diabetes devido à alimentação inadequada e estresse descompensado.

Aumento de insulina

> Ainda com relação à inflamação, os alimentos ingeridos nos dias de hoje geram aumento de insulina por conter alto índice glicêmico. São substâncias que se transformam em açúcar rapidamente no organismo causando um prejuízo muito grande à saúde. Nosso corpo não foi acostumado ou programado para ingerir alimentos que se transformam em açúcar rapidamente no organismo.

> Nossos ancestrais não usavam processos de refinamento de alimentos – arroz branco, açúcar refinado e farinha de trigo refinada, que produzem açúcar no organismo quase que imediatamente.

> Isso obriga o organismo a se esforçar para retirar o excesso de açúcar da corrente sanguínea, o que exige maior produção de insulina.

> O resultado é que o sistema vai naturalmente desenvolvendo resistência à insulina e contribuindo para o desenvolvimento da síndrome metabólica causadora de problemas cardiovasculares como infarto e acidentes vasculares cerebrais (os chamados "derrames"), além de diabetes, com suas consequências devastadoras.

> Também devemos ter cuidado com o glúten, a proteína do trigo, e é importante fazer algumas considerações. O glúten é uma proteína constituída de peptídeos gliadina e glutenina. Encontrada em alguns grãos, tais como trigo, semolina, espelta, centeio e cevada. É a proteína que dá a textura "aerada" aos pães.

> É comum observarmos intolerância ao glúten. Em casos extremos, leva a uma enfermidade autoimune chamada doença celíaca.

> Esse aumento se deve à alteração na proteína do trigo devido aos agrotóxicos, transgênicos e aceleradores de crescimento utilizados nas lavouras, fazendo com que o trigo de antigamente não seja o trigo que encontramos nos dias de hoje. A melhor maneira de você descobrir se é intolerante ao glúten é deixar de ingeri-lo por pelo menos 30 dias e depois desse período retorná-lo à dieta.

Combinação de alimentos

> Respeitando a fisiologia do sistema digestivo, recomenda-se ingerir alimentos proteicos de origem animal separados de alimentos ricos

em amido (carboidratos), tais como arroz, feijão, lentilha, ervilha, mandioca e batata-doce, entre outros.

> A proteína é digerida em meio ácido por meio de uma enzima chamada pepsina que somente é ativada em um ambiente PH ácido (< 2).
O carboidrato, por sua vez, é digerido por uma enzima chamada (amilase), que fica inativa em qualquer meio ácido (< 4). Quando ingerimos um bife, por exemplo, naturalmente ele precisa sofrer a ação do ácido do estômago para iniciar o processo digestivo, ou seja, sua hidrólise, e fica "preso" em seu interior, sofrendo a acidificação. Se junto desse bife, ingerirmos o tradicional prato de arroz branco e batatas fritas, geramos um sério problema para a digestão. Se nosso estômago pudesse gritar, diria: "temos um problema!"

> A digestão de alimentos como arroz, batata e todos os demais carboidratos ocorre por meio da amilase com início na saliva e continuação no intestino delgado pelo suco pancreático. Acontece que esse bolo alimentar acidificado pela ação do estômago, ao chegar ao intestino com baixo PH (ácido), bloqueia a ação da enzima amilase, que é inativada em PH menor que 4, e no estômago o PH pode chegar a 2. Nessa situação, o carboidrato é mal digerido, fermentando, gerando excesso de gases, com prejuízo à flora intestinal e à produção de energia, provocando sensação de fome em curto período.

> Outro problema importante da mistura desses elementos é que a ingestão da gordura saturada (presente nas carnes vermelhas, no frango, no porco e no carneiro) não significa que ela será transformada em tecido adiposo. Gordura de ingestão não é gordura de depósito.

> No entanto, se oferecermos ao nosso corpo gordura rica em moléculas associadas ao glicerol dos carboidratos, aí temos a combinação do triglicerol, gordura de depósito. Ou seja, uma combinação que engorda.

10 >
A trajetória de todos nós

A busca pelo elixir da juventude sempre fascinou a humanidade. Afinal, quem não deseja viver muito, e bem? Contudo, envelhecer é, reconhecidamente, inevitável para o ser humano desde o nascimento, mas deve-se saber envelhecer, evitando, ao máximo, tudo o que nos faz perder anos de juventude.

Apesar de não podermos ainda dominar o envelhecimento, é possível fortalecer nosso organismo e envelhecer de forma natural e suave, com qualidade de vida. O mundo científico não descobriu a fórmula para deter o envelhecimento, mas está revelando estratégias de como evitar os males que chegam com a idade.

Levei vários meses para pesquisar e escrever este livro em um estilo que pudesse interessar e envolver várias faixas etárias.

As informações aqui contidas vieram de médicos, cientistas e pesquisadores que vêm criando e aperfeiçoando fórmulas que nos deem uma aparência mais jovem e uma vida mais longa. Muitas pessoas estão mais jovens hoje do que há dez anos, graças aos conhecimentos e ao interesse despertado pela mídia pela reversão do envelhecimento.

Houve uma espécie de descolamento entre a idade fisiológica e a cronológica, ou seja, há pessoas que se sentem fisiologicamente muito mais novas do que diz o RG, e vice-versa.

Sabemos o que é necessário: fazer uso de vitaminas, suplementos alimentares, exercícios moderados e também caminhadas, sem falar na alimentação saudável.

Por volta dos 35 anos, a inquietude gira em torno de emagrecer, acabar com a celulite, mudar o cabelo, fazer plástica, e não nos preocupamos com os efeitos da alimentação errada, do álcool em excesso, das noites sem dormir e do sedentarismo. Mas a vida, inevitavelmente, cobra um preço alto no futuro.

Aconselho a todos que façam um balanço de sua saúde e lembrem: sempre é tempo de remediar.

Algumas pessoas são jovens para sua idade, fisiológica e mentalmente ativas e vigorosas, tanto quanto alguém cronologicamente mais jovem, porque retardaram o ritmo de envelhecimento adotando um estilo de vida que previne doenças relacionadas à idade. Outras fizeram escolhas que aceleraram o envelhecimento, e outras, ainda, nunca pensaram sobre isso, acreditando que tudo depende da genética. Porém, quanto mais conhecemos a genética, mais certeza temos de que este pressuposto é falso. Nossas escolhas e nossos comportamentos exercem muito mais impacto sobre a longevidade e a saúde do que a nossa herança genética.

É importante que as pessoas saibam que o envelhecimento cronológico pode ser bem diferente do fisiológico. Esta diferenciação é provocada pelo estilo de vida de cada pessoa. Modificações nos hábitos alimentares e prática de exercícios físicos podem trazer grandes benefícios para o corpo e para a mente, mesmo para as pessoas que já chegaram à meia-idade e nunca tiveram hábitos saudáveis de vida.

O poder de cada um sobre o destino de sua própria saúde aumenta com o passar do tempo. "Quanto mais velho você for, maior será esse controle", disse Dr. Michael R. Roizen. Médico da Cleveland Clinic, Roizen foi criador, na década de 1990, do conceito de idade real.[34]

Ele sustenta que as pessoas não têm necessariamente a idade indicada em seus documentos. Do ponto de vista biológico, podem ser mais jovens ou mais velhos, dependendo do modo como cuidam de si mesmas ao longo da existência. Conforme os anos avançam, enquanto os genes vão perdendo a capacidade de causar maiores danos por si sós, o estilo de vida ganha mais relevância.

Em geral, as doenças genéticas se manifestam nos primeiros vinte anos de vida. Depois dessa fase, são os hábitos que ativam ou não os genes associados à maioria das doenças crônico-degenerativos.

Dr. Roizen afirma que a genética controla cerca de 75% do desenvolvimento de um feto: se o embrião carrega mutações genéticas graves, ainda que a mãe siga todos os preceitos de uma boa gestante, ele não sobrevive. É um dos mecanismos biológicos mais importantes para a proteção e a perpetuação da espécie. Se o feto, no entanto, possui uma genética favorável, mesmo que seja exposto a

---

34 Michael R. Roizen. *The RealAge(R) Workout*: Maximum Health, Minimum Work. William Morrow, 2006.

comportamentos inadequados da mãe, como fumar ou beber, ainda são boas as chances de ele nascer com saúde.

> Cada indivíduo é único

O ritmo de envelhecimento varia muito de indivíduo para indivíduo. Há uma série de estudos relativos à longevidade e qualidade de vida que nos mostra que podemos escolher tanto colocar anos em nossas vidas quanto vida em nossos anos.

Nossa capacidade de manter a vitalidade é impressionante. Embora algumas pessoas percam algumas funções ao envelhecer, outras quase não apresentam declínio. Na verdade, no caso de determinadas capacidades, como acuidade mental e QI, alguns indivíduos podem até melhorar entre os 35 e 80 anos. Qual o segredo?

Como você pode ser uma dessas pessoas que quase não demonstram declínio com o passar do tempo, e que se sentem tão jovens aos 80 quanto eram aos 35 anos?

Muito se tem feito para segurar o processo de envelhecimento e ultrapassar o limite estipulado pela natureza: os cientistas têm estudado a vida dos animais que vivem muito mais em comparação com os humanos. Entre alguns mamíferos, o limite de vida pode chegar a sete vezes o período de crescimento. Exemplo: entre os cães, o período de crescimento é de 2,5 anos, e seu limite de vida é de 17,5 anos. Entre os homens, o período de crescimento é de 21 a 23 anos, e seu limite de vida, comparado ao dos cães, deveria ser de 150 anos.

Certamente, você não pode superar totalmente o processo de envelhecimento para ultrapassar o limite estipulado da nossa espécie que, segundo muitos especialistas, é de mais ou menos 120 anos. Não seria muito sábio viver mais tempo do que se poderia aproveitar. A meta não é simplesmente esticar a vida, mas aumentar a vida "funcional" ou saudável.

> Herança genética

Segundo estudos recentes, o envelhecimento está ligado a um lento processo de degeneração celular provocado pelo acúmulo de radicais livres. É um processo que ocorre no interior das células, mais especificamente em estruturas chamadas mitocôndrias, verdadeiras usinas de energia. Os fatores genéticos poderiam determinar o padrão de resistência das células de um indivíduo. Mas os pesquisadores suspeitam que fatores externos, como alimentação, estresse, fumo e álcool, podem interferir no processo.

A teoria mais aceita diz que o organismo começa a envelhecer quando as células se tornam incapazes de se livrar do excesso de radicais livres. Cientistas acreditam que com os anos de sucessivos ataques dos radicais livres, as mitocôndrias começam a produzir menos energia e mais radicais livres, acelerando o processo de destruição. As células enfraquecem e passam a ter menos eficiência. Com isso os tecidos e todo o organismo começam a entrar no processo de envelhecimento. Alguns pesquisadores argumentam que certos tipos de dietas reduzem o ataque dos radicais livres, postergando o envelhecimento.

> O que são radicais livres?

Radicais livres são moléculas com elétrons livres, prontos para se ligar a qualquer coisa que apareça pela frente. Surgem no corpo como um subproduto da respiração, quando o oxigênio é transformado em energia pela mitocôndria. Ao final da reação, uma parte do oxigênio não libera água, como deveria, dando origem aos temidos radicais livres num processo conhecido como oxidação. Acontece então uma espécie de reação em cadeia, com esses radicais roubando elétrons de outras moléculas, desestabilizando-as. Para o organismo, é como se entrasse areia na azeitada máquina de viver.

Assim, o oxigênio é "mocinho e vilão" ao mesmo tempo: é essencial para que as células retirem energia dos alimentos e, por outro lado, desencadeia radicais livres responsáveis pelo envelhecimento.

Para evitar as doenças causadas pela oxidação, os alimentos precisam estar nas doses certas.

A vida é química pura. O segredo estaria em neutralizar a agressão dos radicais livres. Felizmente, o organismo está preparado para oferecer certa resistência. Quando os ataques acontecem, uma primeira linha de defesa é acionada: os antioxidantes intracelulares, como, por exemplo, o selênio e a vitamina E, neutralizam os radicais livres. No entanto, se essa linha é destruída, os radicais livres ficam à vontade, atacando as moléculas de DNA, alterando-as, deteriorando-as e abrindo espaço para os principais males da "ferrugem", que são:

- problemas cardiovasculares;
- artrite reumatoide;
- catarata;
- câncer;
- doenças degenerativas do cérebro;
- hipertensão;
- diabetes;
- doenças autoimunes;
- problemas de pele;
- problemas respiratórios;
- envelhecimento precoce.

> **Vencendo a batalha interna**

Nenhuma outra geração na história da humanidade teve acesso à incrível abertura da biologia molecular, por meio da qual podemos visualizar o combate travado em nossas células entre as moléculas antioxidantes protetoras e amistosas e os beligerantes radicais livres, determinados a nos causar doenças e a nos destruir. Hoje podemos fazer escolhas que modificam essa batalha a nosso favor.

> **Longevidade**

Na corrida em busca da longevidade feliz, os "saudáveis de última hora" largam em desvantagem em relação aos "sempre saudáveis", mas na maioria das vezes, conseguem alcançá-los. Os benefícios proporcionados pelos hábitos saudáveis não demoram a ser sentidos e notados. Com a palavra, o médico Michael R. Roizen: "Em geral, num prazo que não ultrapassa três semanas, você pode se sentir melhor. E, em três meses, já percebe que tem mais energia!" Esta sensação, segundo ele, resulta do controle sobre o destino de nossa saúde.[35]

O grau de domínio que temos sobre nosso organismo está estampado em nossa aparência e não apenas em nossas células, fibras musculares, neurônios ou hormônios. A aparência física é o espelho de nossa saúde. Uma pele sem viço e manchada, por exemplo, pode ter indício de que a pessoa abusa do cigarro, economiza no filtro solar ou toma água em quantidade insuficiente. Mas, talvez os maiores indicadores de saúde, no campo das aparências, sejam os dentes. Quem não cuida da saúde bucal não cuida de vários outros aspectos. Além de higiene inadequada, dentes amarelos e manchados podem significar excesso de nicotina ou de açúcar.

Embora os conhecimentos da medicina avancem a passos largos e se disseminem num ritmo ainda mais intenso, por que as pessoas têm tanta dificuldade de mudar seus hábitos de vida? Um dos maiores obstáculos é o desconhecimento sobre o funcionamento do próprio organismo. Aprender sobre o corpo humano significa associar seus mecanismos à saúde, às doenças, a hábitos de vida. É de criança que se aprende a ficar velho.

Temos hoje a possibilidade de viver praticamente um século com saúde, livres de doenças e mantendo por mais tempo nossas características juvenis. Nenhuma geração viveu isto antes. Mas é importante começar, o mais cedo possível, a pensar o que fazer para chegar aos cem anos com qualidade de vida. Dá para realizar muitas coisas até lá, e o mínimo que temos de fazer é buscar uma forma de viver melhor a cada década.

Se observarmos o ser humano em suas funções biológicas, constataremos que a natureza só favorece o ser vivo em sua fase reprodutiva. Dos 28 aos 35 anos somos poupados, mas depois começamos a sentir o poder dessa tão sábia natureza, seja pela falta de flexibilidade das articulações, declínio da memória, doenças degenerativas e tantos outros males. Todos os problemas que vão aparecendo e nos acompanham com a idade, em geral após os 35 anos, ocorrem devido a uma queda das funções biológicas, que diminuem de 3% a 6% a cada década.

Sou a favor de primeiro arrumar nossa alimentação e, depois, pensarmos em suplementos. É melhor obter as vitaminas de um prato de comida do que de uma

---

35 Michael R. Roizen, op.cit.

série de comprimidos. Entretanto, com a idade, nosso organismo vai apresentando carências e passamos a ter mais intolerâncias alimentares – nosso corpo não segrega tão facilmente os componentes para aproveitar com eficiência a vitamina dos alimentos. Por isso é necessário suplementar nossa alimentação.

Hoje, a ciência nos permite "enganar" a mãe natureza, repondo hormônios, tomando vitaminas e suplementos, fazendo transplantes, inseminação ou plástica e tantos outros recursos que nos dão a chance de viver mais com a mesma qualidade dos 30 anos. Não é raro encontrar pessoas com mais de 50 anos de bem com a vida, aproveitando com saúde tudo o que a natureza teria reservado somente para os "reprodutivos". Em contrapartida, vemos muitos jovens "destruindo" essa vantagem ao levar uma vida desequilibrada, usar drogas, alimentar-se mal e rejeitar o que a natureza lhes oferece. A grande maioria só vai se dar conta das consequências dos maus hábitos quando chegar a implacável cobrança da vida. A natureza é dura e cobra juros em forma de dor, sofrimento e até morte prematura, por um declínio radical nas defesas naturais contra o envelhecimento. Mas, respeitando seus limites, o ser humano pode ser contemplado com um acréscimo de longevidade.

> **Como controlar os radicais livres**

A teoria dos radicais livres no envelhecimento foi proposta há quase cinquenta anos pelo químico e médico Denham Harman.[36]

Ele mesmo foi um exemplo de como é possível controlar o envelhecimento e evitar algumas doenças associadas aos radicais. Em uma entrevista, Harman, aos 80 anos, revelou que, além de praticar exercícios moderados e manter peso baixo, tomava todo dia o seguinte "coquetel" de vitaminas: 500mg de Vitamina C, três vezes por dia, e 50mg de Selênio e 400UI de Vitamina E uma vez ao dia. Segundo ele, muita gente está tomando vitaminas demais, mas ninguém sabe qual é a quantidade ideal. Sabemos as quantidades ideais para ratos, pelas experiências,

---

36 Denham Harman. Aging: A Theory Based on Free Radical and Radiation Chemistry. *Journal of Gerontology*, Volume 11, Issue 3, 1 July 1956, Pages 298-300

mas transferir isso para seres humanos é muito difícil. Por isto ele se limitava a esta dose diária, e você pode aproveitar a dica.

Além das vitaminas, há outras formas de combater a oxidação. Entre as muitas providências está ficar longe dos poluentes, das gorduras trans e do excesso de sódio, não fazer exercícios além de nossa capacidade física, evitar exposição a radiações solares, controlar o estresse, dormir bem, e a mais importante: controlar a ingestão de calorias; afinal, quanto mais comemos, mais oxigênio liberamos e, portanto, mais radicais livres.

Além disso, é importante ingerir uma boa quantidade de antioxidantes. Isto inclui desde as poderosas vitaminas E, betacaroteno e vitamina C, até ervas e alimentos como alho, brócolis, chás e frutas vermelhas. Você também pode evitar alimentos facilmente oxidáveis, capazes de sofrer alterações químicas através do oxigênio, gerando radicais livres dentro de suas células e danificando-as. Alguns exemplos básicos são: óleo de milho e de açafrão, margarina e gorduras trans e hidrogenadas, presentes em muitos alimentos processados.

Existem ainda os alimentos que aceleram os sistemas de desintoxicação e que destroem os radicais livres. Neste sentido, o brócolis é notável por conter isotiocianato e sulforafanos, poderosas substâncias químicas e fitoquímicas bloqueadoras do câncer. Os melhores antioxidantes são frutas e vegetais.

> Comer menos

A restrição calórica retarda o processo de envelhecimento de todo o organismo. Quanto menos se come, mais se aumenta o tempo de vida.

Estudo realizado desde 2002 pelo National Institute on Aging, nos Estados Unidos, chegou à conclusão de que "comer menos" limita os danos provocados pelos radicais livres. Ao diminuir 30% a 40% da comida dos animais, estes viveram em média 50% mais do que o normal. O mesmo pode ser comprovado com seres humanos: os habitantes de Okinawa, no Japão, que durante anos seguiram uma dieta com 17% a 40% menos calorias do que outros japoneses tiveram de 30% a 40% menos doenças crônicas, inclusive as neurodegenerativas, como Alzheimer.

Após os 30 anos, o corpo humano tende a perder 10% de massa muscular a cada década, e a única forma de evitar isto é fazer uso constante dos músculos. A atividade física melhora não só a capacidade aeróbica, mas também a massa muscular, que vai diminuindo gradualmente com a idade.

É um processo contínuo que se inicia ao nascermos. É lento, mas contínuo. O modo como cada pessoa age, os hábitos de vida, serão decisivos para uma velhice com qualidade, permitindo desfrutar tudo o que a maturidade pode lhe oferecer, sem o fantasma das limitações impostas pelas perdas do organismo.

Quanto mais vivemos, mais desgastes físicos impomos às nossas estruturas orgânicas. A pele perde a elasticidade gradualmente, a massa muscular e os ossos diminuem, enquanto a gordura corporal aumenta.

As áreas mais afetadas vão depender de como a pessoa viveu: a pele mais envelhecida e com manchas, se não usou filtro solar; doença pulmonar e cardíaca, se fumou; colesterol alto, hipertensão e diabetes, se não adotou hábitos alimentares saudáveis; dificuldades para andar, problemas vasculares e cardíacos, se foi obeso ou sedentário maior parte da vida.

Uma das principais preocupações da humanidade é a obesidade. Infelizmente, há décadas estamos manejando erroneamente a nossa máquina. Depois que surgiram alimentos diets e lights, conservantes, corantes e sódio, a população ficou mais obesa. Contudo, apesar de muitas informações sobre alimentação saudável, os problemas associados ao peso aumentam progressivamente.

A obesidade nos envelhece, além de trazer transtornos graves que colaboram para tirar anos de nossas vidas, como níveis desordenados de lipídios no sangue, diabetes, apneia do sono (problemas respiratórios durante o sono), artrite e as duas que considero mais graves: hipertensão e perda de autoestima.

O emagrecimento e a manutenção do peso ideal estão profundamente relacionados a uma alimentação saudável e à atividade física. De nada adianta restringir demais sua alimentação. Para tudo há um limite. A mãe natureza é sábia: quando você restringe o alimento, o metabolismo baixa, fazendo com que você não queime nada e mantenha uma reserva para se manter vivo.

Uma dieta com restrição alimentar por mais de um mês deixa um registro nas células de que você é poupadora de gordura e, para manter a sobrevivência, até a água vai ser retida. Portanto, em vez de deixar de comer, eleja os alimentos que são verdadeiros aceleradores do metabolismo, como os de índice glicêmico baixo, ditos IG. Sim, eles existem. Falaremos deles a seguir...

> **Encolha a barriga**

O excesso de gordura na região da barriga é especialmente perigoso. O tecido gorduroso do abdômen faz com que o organismo produza hormônios que estimulam a divisão celular causando mutações, o que aumenta a probabilidade de ocorrência de câncer.

Uma cintura fina ajuda a evitar um dos mais graves problemas de saúde: o diabetes. A gordura na região do abdômen é a grande responsável por este mal.

Não é só o açúcar que causa diabetes. Sua saúde pode ser comprometida após longos anos usando alimentos ricos em carboidratos, como pão branco, massas e purê de batata, que são facilmente convertidos em açúcar. As calorias que não são queimadas transformam-se em células de gordura que fazem a "barriga" aumentar.

A obesidade da parte superior do corpo é também o fator de risco mais expressivo para a apneia do sono, causada por um colapso do tecido mole na parte posterior da garganta que bloqueia a passagem de ar durante o sono. A gordura abdominal prejudica a qualidade do sono, e um sono precário faz com que a pessoa se arraste durante o dia. Com isso, o corpo anseia por algo que lhe dê energia rapidamente, e desse modo acaba comendo umas bobagens de alto valor calórico. Não bastasse, a obesidade abdominal geralmente está associada à inflamação dos vasos sanguíneos e a um quase certo envelhecimento das artérias e do sistema imunológico, com alto risco de eventos cardíacos.

Por isso, fique atento: circunferência da cintura (quatro dedos acima do umbigo) não deve ultrapassar 88 centímetros, se for mulher, e 101 centímetros, se for homem. Acima destes números você deve cuidar para não se tornar obeso.

> Exercícios

Os exercícios são os melhores exterminadores de gordura.

Você não precisa ser atleta nem malhar até ficar exaurido, ao contrário, exercícios muito intensos envelhecem e desencadeiam radicais livres.

Se não puder ir a uma academia, faça em casa os exercícios. Dê duas mil passadas por dia, mas tudo dentro do seu ritmo. Faça o máximo que conseguir, vá aumentando o esforço gradativamente, e os resultados serão surpreendentes. Para auxiliar a queima da gordura: durma antes da meia-noite; desligue a televisão, o computador e a luz. Nunca acorde depois das 8 horas da manhã, quando o corpo produz cortisol para despertá-lo.

Se dormir até às 11 horas ou mais, certamente sofrerá com retenção de líquido e mau humor. Se tem esse costume, arque com as consequências da ação do cortisol, que desacelerará seu metabolismo, resultando no conhecido efeito sanfona (engorda-emagrece).

> Carboidratos que envelhecem

"Comer batata inglesa ou pão branco é o mesmo que comer doce, no que diz respeito ao organismo", afirmou Walter Willett, chefe do departamento de nutrição da Harvard School of Health.

Não há dúvida de que os carboidratos diferem na capacidade de aumentar os níveis de açúcar no sangue. Uma nova pesquisa, iniciada na década de 1980, criou uma visão nova e radical sobre o tema. Algumas conclusões foram surpreendentes, por exemplo, a descoberta de que frutas como a tâmara provocam uma elevação rápida nos níveis de açúcar no sangue, enquanto um alimento parecido – o damasco desidratado – não produz esta alteração.

Outras revelações foram as de que a batata inglesa eleva a glicose no sangue muito mais rápido do que o açúcar; o pão branco, mais rápido do que o sorvete. Isto levou os cientistas a uma reavaliação completa de quais alimentos, em longo prazo, são melhores para o cérebro, as artérias e a saúde em geral. Com isso, criou-se um conceito importante: tecnicamente, os carboidratos que alteram o nível de açúcar no sangue com rapidez são chamados de alimentos com "índice glicêmico alto", ou alimentos com índice glicêmico (IG) elevado – glicêmico é outro nome para o açúcar. Alimentos com IG elevado podem produzir elevações do açúcar no sangue. Por outro lado, os carboidratos que elevam a glicose gradualmente são os de "índice glicêmico baixo" ou alimentos com IG baixo. Em geral, a ingestão de alimentos com IG baixo evita elevações e quedas acentuadas no nível de açúcar no sangue, criando uma maior equanimidade mental. Esses carboidratos "lentos" também ajudam a evitar reverter a resistência à insulina juntamente com seus riscos de danos para a memória.

Devido aos métodos de processamento dos alimentos, nossa alimentação gira em torno de enormes quantidades de carboidratos com índice glicêmico alto, açúcares refinados e amidos que exigem a produção pancreática de grandes quantidades de insulina por dia. É natural que muitos organismos não estejam geneticamente preparados para acompanhar a demanda e desenvolvam resistência à insulina, diabetes tipo 2 e doenças cardíacas, como foi comprovado pelos pesquisadores da Universidade de Harvard. Tais perturbações nos níveis de açúcar e de insulina no sangue são perigosos para o bom funcionamento do organismo e também do cérebro.

> Carboidratos rápidos

Comer alimentos com índice glicêmico alto prejudica a capacidade de perder peso, provoca obesidade e diabetes tipo 2. Os alimentos com IG baixo reduzem o apetite e estimulam a queima de gordura corporal. Os pesquisadores australianos dizem que vários regimes de emagrecimento baseiam-se em uma alimentação de IG baixo.

De acordo com um estudo britânico realizado com adultos de meia idade, uma alimentação com alto índice glicêmico diminui o HDL, o colesterol bom. Também uma dieta com baixo índice glicêmico aumenta a sensibilidade à insulina, elevando o HDL.

Os alimentos IG alto causam a resistência à insulina ou "pré-diabetes", na qual a insulina torna-se ineficaz, provocando hipertensão, "artérias entupidas", ataques cardíacos, derrames, e até mesmo a doença de Alzheimer; por outro lado, uma dieta com IG baixo durante algumas semanas tem revertido a resistência à insulina tanto em pacientes com problemas cardíacos quanto em mulheres jovens.

A solução para este dilema moderno é ingerir os carboidratos que sustentam melhor o cérebro, mantendo os níveis de açúcar e insulina no sangue basicamente "normais". Isto significa uma alimentação fundamentada em carboidratos com índice glicêmico baixo – alimentos que provocam aumentos lentos, em vez de surtos rápidos nos índices de açúcar e insulina no sangue. Para fazer isso devemos ter informações exatas sobre os índices glicêmicos dos alimentos comuns, através de um nutrólogo.

Há muito se estuda a trajetória da vida. Ao nascer, assim que enchemos nosso pulmão pela primeira vez, damos a largada no processo de envelhecimento. Mas é a partir dos 25 anos, quando já ocupamos nossas mitocôndrias com a ferrugem causada pela queima de oxigênio, é que começamos a perceber que nossa juventude já está de partida.

Nesta fase, todos os sistemas orgânicos passam por modificações, como a perda progressiva de elastina e de colágeno da pele, tornando-a sensível às agressões ambientais. Sentimos ainda o aumento progressivo da proporção de gordura corporal e a perda de massa muscular. Nas mulheres, a principal mudança se dá na perda de massa óssea – aproximadamente 0,5% é perdida até a menopausa.

As mudanças hormonais também são significantes, por mais que variem de pessoa a pessoa. Umas sofrem a ação do tempo mais do que outras, quando diminui a lubrificação das articulações e ocorrem alterações neurológicas de percepção, ou seja, demora-se mais para reagir a estímulos. Começam os processos de calcificação de alguns ligamentos de sustentação das vértebras e endurecimento dos discos intervertebrais.

Dos 36 aos 45 anos

> conexão jovem-velho. Atenção: a data do seu aniversário está perdendo a validade. A idade de conexão se impõe: quando realmente o declínio físico é implacável, a mãe natureza passa a ignorar sua existência e você deve lutar, com todas as armas, para continuar usufruindo a vida com saúde.

> Nesta fase da vida, a alimentação deve ser mais equilibrada, com porções menores. Use pratos pequenos (psicologicamente, você acha que estão cheios) e pense mais na qualidade do que na quantidade.

> Não pule refeições, e dê prioridade ao café da manhã, que tem mais valor nutritivo. É importante substituir os refinados pelos integrais; tomar bastante água e fazer exercícios que movimentem o físico e a mente.

> Procure ter mais prazeres na vida, planejando no mínimo uma vez por semana: estar com quem você ama, ouvir música, reunir-se com amigos ou familiares, contar piadas, planejar viagens ou finais de semanas de descontração.

Dos 46 aos 55 anos

> os homens, nessa fase, passam pelo que chamamos de andropausa, uma queda nos hormônios que afeta, muitas vezes, o desempenho sexual. Além de consultar um especialista, os homens podem recorrer a alguns produtos naturais que ajudam estimular a produção dos hormônios, tais como: Ginkgo biloba, Ômega 3, Vitamina C, etc...

> Já as mulheres sofrem com a menopausa, também chamada de climatério. É o período no qual elas param de ovular.

> O período da menopausa afeta cada mulher de forma diferente. Algumas começam mais cedo, mas a maioria passa pela mudança em torno dos 50 anos.

> Sintomas de calor excessivo, tonturas, cefaleia, falta de ar, taquicardia e depressão podem ser causados por uma deficiência de estrogênio. Para controlá-los, use a menor quantidade possível deste hormônio em dias alternados. Os suplementos têm a finalidade de complementar os medicamentos receitados pelo profissional de saúde. Os componentes podem ser manipulados, geralmente para aliviar as ondas de calor (fogachos) principalmente, mas

também atuam sobre a atrofia vaginal e a depressão. Os fitoestrógenos atuam de modo semelhante ao do estrógeno natural, aumentando a atividade destes hormônios.

Dos 56 aos 65 anos

> quando os radicais livres atacam, seu corpo usa todos os recursos para proteger as células do temível ataque destruidor. Mas há um limite para esta proteção. Se as defesas antioxidantes se enfraquecem ou se a exposição aos radicais livres aumenta muito, o organismo pode sucumbir e ser vencido pelo estresse oxidativo.

> O envelhecimento causado pela incapacidade das células de se reproduzir é responsável pela má absorção dos nutrientes, deixando o metabolismo mais lento no processo de transformação das proteínas e aminoácidos. A má absorção de ferro, zinco, entre outros, torna-se implacável e os sintomas se evidenciam, como desânimo, sonolência, retenção de líquidos, queda de cabelo, unhas frágeis, mudanças de humor. Mas a medida mais emergencial, além dos suplementos adequados, é limitar os desencadeadores de radicais livres, entre os quais posso citar os alimentos de origem animal, pois os mesmos, embora desprovidos de antioxidantes, têm quantidades abundantes de gorduras que formam radicais livres. Também é mais provável que contenham resíduos de pesticidas e outras toxinas produtoras dos tais radicais livres. Outros desencadeadores de radicais livres são poluição, fumaça de cigarro, raios solares, drogas e alimentos gordurosos. O efeito cumulativo dessas moléculas pode causar alterações irreversíveis nas células, aumentando o risco de doenças crônicas, como câncer, enfraquecendo o sistema imunológico e levando ao envelhecimento precoce.

> Aqui os suplementos são indispensáveis por isso, uma suplementação nutricional é adequada após os 55 anos para ajudar a combater a ação dos radicais livres, bem como repor os nutrientes que se encontram deficientes na alimentação do dia a dia.

Dos 66 aos 75 anos

> um dos fatores mais importantes nesta fase é a certeza de que de agora em diante temos de ser rigorosos em exterminar o estresse oxidativo, lutando contra todos os pontos que podem vir a acelerar o envelhecimento. Aqui os suplementos são de primordial importância, pois já não se consegue, só com os alimentos, sobreviver ao ataque da "natureza" que passa a fazer de tudo para nos eliminar.

> Quando envelhecemos, nossas vitaminas vão se esgotando. É preciso mais para se chegar a um equilíbrio. Muitas mudanças fisiológicas e riscos de doenças crônicas atribuídos à idade são, na verdade, causados por grandes demandas por vitaminas.

> Dr. Linus Pauling chamava os suplementos vitamínicos de um avanço tecnológico que pode anunciar uma nova era de saúde perfeita, não apenas de sobrevivência. Segundo ele, as megadoses de vitaminas podem preparar as células do corpo para que funcionem no seu ápice genético de eficiência, retardando o processo de envelhecimento e minimizando as doenças degenerativas. Não existe uma vitamina ou mineral antienvelhecimento milagroso. Vários estudos mostram que os antioxidantes funcionam melhor em combinação do que quando separados.[37]

> O poder das vitaminas está em sua sinergia com os alimentos, pois as vitaminas propiciam que sejam mais bem aproveitados.

> As vitaminas isoladas são reconhecidas pelo organismo como inimigas e muitas vezes eliminadas. Portanto, junto com alimentos entram no organismo imediatamente, intervindo onde for necessário, afirma Dr. Carl Cotman, diretor do Institute for Brain Aging and Dementia.

---

37 Linus Pauling. *Vitamin C and the Common Cold*. Freeman, 1970.

Dos 76 anos em diante

> é a essência da vida. Nesta fase, precisamos usar toda a sabedoria que acumulamos durante décadas. Com certeza, se houve um manejo cuidadoso de nosso organismo, vamos ter conhecimento suficiente para saber lidar com nossos limites e usufruir melhor aquilo que a vida nos presenteou.

> O mais importante é a qualidade de vida. Temos de procurar tudo que nos dê prazer e cultivá-lo o máximo possível. É como passar a vida numa peneira, e, de agora em diante, só utilizar a essência para chegar à longevidade, pronto para usar até a última gota. Custou caro, mas valeu a pena para manter o projeto de vida de muitas décadas saudável e feliz.

> Chegar a esta idade com saúde é um privilégio de poucos. Tenho certeza de que quando a vida nos traz desafios é para serem vencidos, pois há um ditado que diz "Deus dá o frio conforme o cobertor". Portanto, vamos lutar para que nossa passagem por tantos anos tenha valido a pena.

> Nesta fase da vida, os suplementos são indispensáveis; o ideal é que você tenha uma alimentação totalmente vegetariana. As carnes carregam muitas toxinas, e seu organismo já não tem o mesmo poder de se livrar delas. O sistema de defesa está fraco para lutar com desencadeadores de mais radicais livres.

> Quando se passa dos 75 anos, a alimentação em si não basta para combater doenças e alcançar o tempo máximo de vida. Você precisa de nutrientes adicionais que só os suplementos podem proporcionar. Uma alimentação saudável e equilibrada fornece ao organismo nutrientes suficientes para a realização de tarefas rotineiras. Suplementos como vitaminas, minerais, ácidos graxos essenciais, substâncias fitoquímicas e outros enriquecem o meio interno do organismo, fortalecendo a proteção, o reparo e a regeneração celular.

> Nunca é tarde demais para tomar as rédeas do seu destino e de sua saúde. Neste capítulo fiz um balanço de conceitos e de atitudes, com suplementos, exercícios que combatem o envelhecimento e com uma alimentação para uma longa vida.

> Não é um manual, mas preciso dizer a vocês o que mudei nesta fase na minha vida: substitui os três brancos de minha alimentação por integrais – arroz, açúcar e farinha de trigo. O que já considero ponto de partida para uma revolução alimentar.

> Lembrando de consumir alimentos de índice glicêmico baixo, sendo assim contribuímos para o emagrecimento e queima da gordura, principalmente na "barriga". Grãos integrais também fazem a diferença comprovada no envelhecimento das artérias e do sistema imunológico. Passei a seguir este ritual com os alimentos e senti muita diferença.

Alimentos orgânicos
> Evitando as toxinas de outros alimentos.

Glúten
> Eliminando o glúten, mesmo que não tenha intolerância a ele. O glúten é um dos grandes causadores de dores de cabeça, retenção de líquidos, problemas intestinais e gases exagerados.

Tamanho dos pratos
> Diminuindo o tamanho dos pratos, privilegiando a qualidade à quantidade. Após 25 anos, a restrição calórica favorece sensivelmente ao cérebro.

Comer de 3/3 horas
> Não ficar com fome.

Carne vermelha

> Reduza o consumo de carnes vermelhas para, no máximo, uma vez por semana.

Peixes

> Comendo peixes de 2 a 3 vezes por semana. As gorduras e as proteínas do peixe o deixam mais jovem.

Aves

> Comendo frango duas vezes por semana. A preferência pela coxa e sobrecoxa, porque o peito tem uma lecitina que exige muito de sua energia para metabolizar. O resultado é sonolência e lentidão de raciocínio.

Tirando um dia para desintoxicar

> Uma vez por semana comendo frutas, legumes, verduras e peixe grelhado, regados a um bom azeite de oliva extra virgem, e pouco sal.

> (Os condimentos podem burlar o sal) Deixem de lado outros vilões, como pães, massas, leite, doces, refrigerantes e açúcar, tomando sucos naturais e sem açúcar. Alguns dias depois, observe a mudança de seu peso.

Rótulos

> Aprender a ler os rótulos dos alimentos e escolhendo sempre os que tenham menor ou nenhuma quantidade de gordura trans, sódio, açúcares simples ou glúten. Não esquecendo que a gordura trans contribui para a inflamação das artérias, uma das principais causas de envelhecimento e de queda do sistema imunológico, o que aumenta a probabilidade de impotência, rugas, doenças cardíacas, derrames, perda de memória, infecções graves e câncer.

Gorduras

> Ingerindo em uma refeição primeiro a gordura, pois retarda o esvaziamento do estômago. Uma colher (sopa) de azeite extra virgem ou seis nozes ou doze amêndoas é o suficiente.

Azeite
> Use azeite extra virgem. Sua circulação e a vesícula se beneficiam.

Fibras
> No almoço e no jantar, misturando arroz integral, feijão, saladas com uma colher de sopa de linhaça.

Leite
> Atenção para os alimentos com lactose reduzida.

Frutas
> Comer 5 porções de frutas por dia (uma maçã, uma vitamina ou salada de frutas com pedaços de cores diferentes). As frutas vermelhas, morango, uva, goiaba e melancia, são oxidantes que fortalecem a imunidade e comprovadamente reduzem os cânceres de próstata e de mamas.

Hortaliças
> É importante aumentar o consumo de hortaliças gradativamente.

Refrigerantes
> Substitua-os por sucos e refrescos pouco açucarados, mas nunca os que levam adoçantes.

Adoçantes
> Não usar Aspartames, Ciclamatos de sódio e outros químicos, pois além de enganarem seu cérebro irão desencadear uma vontade descontrolada por doce, e podem ser cancerígenos. Usar açúcar mascavo, mel, açúcar orgânico e pouco refinado. Dizem que o Aspartame está comprovado como um forminicida podendo causar Mal de Parkinson e Alzheimer, além de fibromialgia, insônia e outras demências.

Pratique exercícios
> Uma atividade física moderada como pelo menos caminhar 30 minutos por dia.

Água
> Beba água frequente, não precisa tomar água de forma rápida.

Calorias
> Alimentação com poucas calorias e muitos nutrientes. Incluir frutas, vegetais, além de grãos. Comer bem menos à noite, para ter um sono reparador.

As Estatinas
> São grandes desencadeadoras de problemas como fibromialgia e dores generalizadas, cansaço e também sonolência.

Sol na medida certa
> 10 a 20 minutos por dia, usando protetor solar.

Bebidas alcoólicas
> Uma taça de vinho por dia ajuda bem ao organismo.

Café
> É importante prestar atenção à sensibilidade da cafeína. Pode causar enxaqueca, batimentos cardíacos anormais, etc...

Sei que isto até aqui é somente um começo, mas já consegui grande melhora. Espero que você lendo isto, também chegue a alguma conclusão.

Estas são as fontes da longevidade. Viver bem e com saúde, pois ao contrário não adiantaria viver tantos anos.

> Como chegar bem à longevidade?

Cada vez que você decide mudar alguma coisa na sua vida há duas possibilidades: ou a mudança é possível ou é impossível. Em ambos os casos, afligir-se não ajuda, porque não muda as alternativas básicas.

A palavra "afligir-se" tem um sinônimo que retrata exatamente a inutilidade de afligir-se. Essa palavra é "preocupar-se".

Veja: ou nos ocupamos com alguma coisa ou não. Mas, quando nos afligimos, "pré-ocupamo-nos". Nem nos ocupamos com a situação, nem nos libertamos do seu peso. Mas não confunda "afligir-se" com planejar ou pensar. Quando você se aflige, coloca-se numa posição de estresse emocional; quando planeja ou pensa, simplesmente utiliza o cérebro como uma ferramenta. Com o tempo "afligir-se" transforma-se numa carga insuportável, pois adiciona as responsabilidades de hoje às cargas de ontem aos fantasmas de amanhã. Tira a iniciativa e a visão de você. Arruína a sua alegria de viver, provoca rugas, cria problemas de saúde e o torna ineficaz.

Além disso, faça o que fizer, muitas situações não mudam.

Se você puder fazer algo para melhorar a sua situação, então faça agora. Se não há nada que possa fazer, aprenda simplesmente a aceitar as coisas como elas são. Portanto, deixe de se preocupar, aceite o inevitável e continue com a sua vida!

> **Não se compare com os outros**

Esse é um mau hábito que nos impede de viver no presente.

A pessoa que tem "intenções" não se sente desapontada, frustrada ou zangada porque vive no presente e aceita as coisas como elas são. A pessoa que tem expectativas está constantemente ansiosa e agitada porque a sua vida é frequentemente cheia de perdas emocionais.

> *"Muitas vezes estamos tão absorvidos pelo destino da nossa viagem, que nos esquecemos de apreciar a própria viagem."*
> (Autor desconhecido)

Faça planos, mas evite a tentação de procurar adivinhar os próximos capítulos da sua vida. Para se sentir realizado e em harmonia, você deve aprender a respeitar o fluir da vida, evitar criar expectativas e deixar de rotular as coisas como "boas ou más".

> *"O alicerce da vida é a incerteza."*
> (Pete Zafra)

A maioria das pessoas odeia a incerteza. A incerteza, no entanto, é a própria essência da vida. Sem incerteza, a vida não teria um propósito. Sem incerteza, a vida seria insuportavelmente tediosa! E a vida não seria a vida.

Não é por acaso que o universo lançou um véu de incerteza e mistério sobre o nosso futuro. É a extraordinária maneira que o universo tem de assegurar que vivemos no presente, é uma maneira de nos proteger contra as dificuldades do futuro. A incerteza assegura que cada novo dia traga consigo o doce gosto da descoberta e garante que nunca saberemos demais. É a maneira do universo se certificar de que somos livres para falhar e para aprender. É a maneira de nos dar vida – um dia de cada vez.

> *A incerteza é às vezes assustadora, mas só porque não aprendemos a apreciar as oportunidades sem limites.*
> (Autor desconhecido)

Todo e qualquer ser humano adora o amor e se sente abençoado quando tocado pela sua magia. Nenhum outro sentimento causa também tanta dor, sofrimento e destruição como o amor. Nenhum outro sentimento nos deprime mais e destrói mais vidas do que o amor.

Como algo tão maravilhoso pode ser, ao mesmo tempo, tão devastador? Devemos pagar um preço tão alto para nos beneficiar das graças do amor? Por que permitimos que o amor aconteça e como podemos evitá-lo?

> A Natureza do amor

Como tudo no universo, o amor é uma forma de energia.

Mas, além disso, é uma forma de energia extraordinária. Dar amor aos outros, ultrapassa qualquer outra dádiva, porque quando damos amor também o damos a nós mesmos. O amor é a mais elevada e mais compensadora maneira de dar que um ser humano é capaz.

A tentativa de amar os outros pode, no entanto, transformar-se também numa fonte de desapontamento e de dor. Por ser uma forma de energia, o amor pode também nos esgotar, se não for retribuído. É por isso que compreender o amor é de suma importância para se ter uma vida feliz e realizada.

> O poder do fluir

A força do amor vem primeiramente do seu fluir cíclico entre duas pessoas e não só da pessoa que ama. Desse modo, mesmo que nossos recursos de prazer e de energia sejam pequenos, nosso amor pode ser tremendamente poderoso.

Para compreender o amor, pense no papel desempenhado pelo sangue no corpo humano. O sangue alimenta o corpo, leva-lhe oxigênio, elimina elementos nocivos e desempenha inúmeras funções. Sem ele, não podemos sobreviver. Mas pode, um sangue saudável, por si só, nos manter vivos? O sangue precisa correr e circular, do contrário, morreremos.

De mesma maneira, o verdadeiro poder do amor tem origem na intensidade da aproximação entre duas pessoas. É por isso que é tão importante darmos nosso amor à pessoa certa.

Quando amamos uma pessoa que, por sua vez, nos ama, os nossos recursos energéticos são renovados e reforçados.

Ao contrário, quando amamos uma pessoa que não corresponde ao nosso amor, nossos recursos esgotam-se. Então nos sentimos vazios, sozinhos e deprimidos.

Como o ciclo da água na natureza, o amor que flui é poderoso, porque é uma fonte inesgotável de energia. O amor precisa fluir como a água na natureza para se tornar poderoso. Sem esse fluir, a força do amor é limitada e frágil.

> Os perigos do amor sem fluir

O amor que não flui pode ser doentio. Se amamos alguém, mas esse amor não é correspondido, logo esgotaremos nossos recursos energéticos. Portanto, a menos que tenhamos muitos outros recursos energéticos na vida, devíamos evitar focar nosso amor, durante muito tempo, em quem não o retribui. De outro modo, em breve começaremos a nos sentir sem valor, vazios e solitários.

Sim, podemos e devemos gostar de todas as pessoas, mas jamais deveríamos tentar amar todas as pessoas, especialmente aquelas que não correspondem ao nosso amor.

Dar amor prudentemente, não só porque exige tanta energia, mas também porque, quando se dá amor à pessoa errada, podemos estar privando pessoas que são merecedoras desse sentimento de valor imensurável.

> As ilusões do amor

Muitas pessoas se voltam para o amor para compensar os problemas e medos em outras áreas de suas vidas.

É por isso que é tão fácil nos apaixonarmos. É claro que muitas vezes não estamos realmente apaixonados, mas isso não parece importar, desde que a crença de que estamos apaixonados nos ajude a fugir dos nossos medos. Para muitas pessoas, a magia do amor não é originada pelo que ele nos traz, mas pelo que não nos deixa ver.

Embora o amor traga mais segurança, direção e felicidade à nossa vida, ele não deve se tornar a fonte primordial da nossa segurança, direção e felicidade. Essas coisas devem depender apenas de nós. Do contrário, o mesmo amor que agora nos faz sentir fortes e felizes, pode em breve nos fazer chorar.

Podemos querer amar, mas não precisamos do amor para sermos felizes, somos a razão de nossa felicidade, não os outros.

O amor em si não é suficiente para sustentar um relacionamento.

Para beneficiar-se dessa magia do amor, ambos devem estar aptos a viver seu amor. Em outras palavras, devem ser capazes de manter uma relação. Devem concordar sobre os termos em que se amam – e isso é frequentemente difícil.

Essa é a mais bela
responsabilidade
da vida e a prova
de que as pessoas
não se encontram
por acaso.

> Independência para cultivar o amor

O amor é uma manifestação de liberdade. Portanto, se quisermos ter um amor saudável, devemos primeiro ser independentes. Antes de amar, temos de aprender a nos sentirmos felizes, mesmo que a sós.

> A dor nunca é o problema

A dor nunca é a causa dos nossos problemas, é apenas a consequência. Se você sente dor, é porque alguma coisa está errada e você precisa descobrir o que é, e quanto mais urgente for essa mensagem, menos intensa será a dor.

A dor não contém a culpa: é só a mensageira. Portanto, em vez de sentir-se irritado com a dor, seja-lhe grato. Em vez de tentar eliminar a dor tão apressadamente, procure, de imediato, compreender e eliminar a sua causa.

Um ponto importante, é que quando tentamos resolver nossas dificuldades, libertando-nos da dor, não procuramos remover as causas. Isso só faz com que a dor continue a manifestar-se, também nos impedindo de resolver os verdadeiros problemas.

> Dor física e dor emocional

A dor emocional é completamente diferente. A dor emocional não significa necessariamente que precisamos mudar alguma coisa no nosso comportamento ou na vida. A dor emocional, geralmente, é apenas o resultado de um modo ineficaz de pensar. A diferença entre dor física e dor emocional é relevante, porque a maioria das pessoas sente, sobretudo, dor emocional, não dor física. Portanto, se realmente quiséssemos, poderíamos evitar a maior parte da dor que sentimos.

Isso não significa que a dor emocional não seja importante – é importante porque nos perturba. A dor emocional – autoinfligida ou não – nos cobra um preço muito alto.

É por isso que devemos nos livrar de toda dor emocional desnecessária na vida. Neste exato momento, podemos ser incapazes de viver a vida feliz e realizada para a qual nascemos, simplesmente pelo modo inadequado como pensamos. Mesmo uma vida bela pode parecer tediosa, se seu cérebro estiver operando como um rádio velho e enferrujado. A maior parte da dor emocional da vida pode ser controlada, se dedicarmos tempo e esforço para aprendermos essa arte.

> *"Tudo o que está escrito acerca da dor emocional aplica-se também ao medo, porque o medo nada mais é do que a antecipação emocional da dor".*
> (Autor desconhecido)

> **Dor inevitável**

Às vezes não podemos evitar a dor que sentimos. Às vezes não há nada na vida que possamos mudar para cessar a dor, e parece difícil aprender alguma coisa com isso. Esse pode ser o caso das pessoas que sofrem de doenças congênitas, câncer, AIDS ou outras doenças incuráveis e dolorosas.

A dor inevitável pode nos frustrar inicialmente. Mas mesmo assim desempenha um papel essencial na nossa vida: ela pode nos dar uma consciência mais profunda e uma perspectiva mais elevada das coisas, as quais, de outro modo, jamais poderíamos alcançar.

> *"Não estou desanimado, pois cada experiência frustrada que se abandona é mais um passo para a frente."*
> (Thomas Edison)

Mesmo a pessoa mais rica, mais valente ou mais influente adquire alguma humildade quando confrontada com uma dor que não consegue evitar. Pois essa dor, muitas vezes, parece atingir as pessoas erradas – as que são humildes, tolerantes, indulgentes e calmas.

Em toda injustiça aparente, em todo gemido descontrolado, se olharmos mais de perto, encontraremos a mão da natureza que tudo sabe.

A dor pode dar um significado mais elevado ao prazer e pode nos abrir os olhos para novas maneiras de ver a vida.

"Ajudar a si mesmo, de modo que possa depois ajudar os outros talvez seja esse o propósito da vida."
(John Bastos)

> Como compreender a vida?

A vida nos é dada sem explicações e, exatamente da mesma maneira, nos será inexplicavelmente tirada de novo. Bilhões de seres humanos já viveram neste planeta e todos tiveram o mesmo destino. Eles nasceram, viveram e morreram.

> Qual é a finalidade da vida, afinal de contas?

A busca de respostas tem deixado muitas pessoas solitárias e confusas. A não ser que encontremos uma resposta satisfatória, também nunca encontraremos a harmonia duradoura e a paz de espírito que tanto desejamos.

Então, qual é a finalidade da vida?

Embora a pergunta seja quase impossível de responder, a natureza tem-nos dado uma importante "deixa": se a vida tem um sentido, então todas as vidas devem conter o mesmo traço comum que lhes assegura esse sentido. Se a vida humana tem um sentido, então deve ser possível encontrar esse sentido em todas as vidas humanas, não importa qual seja a situação.

Que elemento comum todas as vidas humanas possuem, que falta aos outros seres vivos?

Esse elemento comum a todos os seres humanos é o mais prodigioso e inexplicável milagre do universo: o livre-arbítrio. Embora não escolhamos nascer, temos o poder de escolher o que faremos com o tempo que nos é concedido enquanto vivos.

O que é a vida senão o tempo que é concedido a cada um de nós, de modo a podermos decidir o que fazer com ele? Pense nisso. O que separa o milionário do pedinte, o criminoso do padre, o poeta do físico nuclear? É a maneira como decidem usar o tempo. São as escolhas que fazem. A vida não tem uma finalidade ou sentido próprio. O sentido da vida vem de nós e das nossas escolhas. A vida é o que fizermos dela. É uma oportunidade, uma "chance". A vida pode ser feliz, triste, interessante ou tediosa: apenas depende de nós.

Contudo, é claro que nós nunca temos controle sobre tudo aquilo que acontece na nossa vida. Certamente nunca teremos todas as cartas. Mas cabe a nós decidir o que faremos com as cartas que possuímos, sejam elas boas ou más. Essa é a magia, o sentido e o mistério da vida.

Para dar sentido à nossa vida, devemos, no entanto, aprender a usar a nossa livre vontade com sabedoria. Somos os únicos que podemos dar sentido à nossa vida. As nossas circunstâncias, a nossa boa ou má sorte dependerão de nós. Temos de ser os carpinteiros, os pedreiros deste significado. Se a nossa vida existe para ter sentido, esse sentido terá de vir apenas de nós. Portanto, da próxima vez que quiser se queixar da vida, não despeje seus protestos aos céus e aos outros. Você e só você pode dar sentido à sua vida.

"Faça o que puder, com o que tiver, onde estiver."
(Theodore Roosevelt)

"Uma importante parte de você é o que você quer ser."
(Any Kampert)

O sentido da vida vem dos nossos próprios objetivos, mas o que temos de fazer para criar esse sentido?

A vida é, de certa forma, como navegar em alto-mar. A menos que saibamos para onde queremos ir, a viagem parecerá sem sentido e os obstáculos, insuperáveis. Imagine um navio flutuando no meio do oceano sem um destino claro. Como você acha que a tripulação se sentiria? Bater-se contra os fortes ventos e a chuva certamente pareceria inútil. É claro que a tripulação se sentiria perdida, vazia e deprimida, e começaria a questionar o que estavam fazendo a bordo daquele navio, não acha?

Um navio flutuando sem destino, ao acaso, no oceano, pode parecer uma situação improvável, mas a verdade é que muitas pessoas vivem a vida dessa maneira: sem saber para onde vão. Vivem sem um propósito e sem um plano claro.

Não é estranho que tantas pessoas estejam deprimidas, perdidas e confusas. Questionam-se se realmente vale a pena viver, uma vez que a vida é apenas uma sucessão de dificuldades, complicações e obstáculos.

Contudo, a única razão de essas pessoas se sentirem tão vazias e desmotivadas é porque a vida delas está desprovida de objetivos claros e precisos.

"Temos de ter objetivos a longo prazo para evitar as frustrações causadas por fracassos a curto prazo."
(Bob Bales)

O que dá sentido aos acontecimentos da nossa vida não é o acaso ou o destino. O sentido vem dos nossos objetivos, alinhados à percepção do que nos dá prazer.

11 >
As conexões cósmicas – o enigma da complexidade da vida

"Como surgiram estruturas organizadas e complexas como os seres vivos, de bactérias a nós, humanos? Essa pregunta ainda não tem uma resposta definitiva.

A Terra é o único lugar do universo, até onde sabemos, em que há vida. Em nosso planeta, ela se manifesta de muitas maneiras e gera uma diversidade impressionante. Formas simples, como bactérias, são mais complexas do que qualquer dispositivo ou máquina já criados.

Há mais informações no código genético de um microorganismo desses do que em computadores avançados. Computadores são frutos da inteligência humana. Seres vivos, como mostram as evidências científicas, resultam de inúmeras experiências feitas pela própria natureza ao longo de bilhões de anos. A seleção natural e outros mecanismos de evolução permitiram o surgimento de bactérias e de seres como nós, capazes de pensar sobre a própria existência.

Como puderam surgir estruturas organizadas e complexas como os seres vivos? Essa é uma pergunta que ainda não tem resposta definitiva. A vida está relacionada com organização. Para organizar algo é necessário utilizar algo, e necessário utilizar energia. Essa energia tem que ter a capacidade de realizar um trabalho útil. Quando acontece qualquer processo químico ou físico, parte da energia utilizada é perdida para o meio ambiente.

Quanto mais complexo é o processo, maior energia é demandada e mais qualidade ela deve ter. Em toda transformação de energia, sempre há uma parte transformada em energia de baixa qualidade, o calor, por exemplo.

Os seres vivos são sistemas termodinâmicos abertos, pois recebem energia do meio externo. As plantas captam energia da luz do sol para realizar fotossíntese, que transforma o gás carbônico e a água em carboidratos. Os animais, por sua vez, utilizam as plantas como fonte de energia, extraindo-a das ligações químicas durante o processo de digestão.

Quando um organismo é privado de suas fontes de energia, ele morre e se degrada. Isso ocorre porque, na natureza, todos os sistemas, com o passar do tempo, tendem a se desorganizar.

A existência da ordem/desordem está relacionada a uma grandeza que denominamos Entropia. A Entropia está associada à qualidade de informação necessária para caracterizar um sistema. Quanto maior a Entropia, mais informações são necessárias para descreverem o sistema. A manutenção da vida é um embate constante contra a entropia. Desde a concepção, a partir da fecundação do óvulo pelo espermatozoide, o organismo se desenvolve e fica mais complexo.

Partindo de uma única célula, chega-se à fase adulta, havendo trilhões delas especializadas para diferentes funções. Com a passagem do tempo, o organismo não consegue mais vencer a luta contra a entropia. As células não se regeneram mais e da mesma forma envelhecemos.

Em um determinado momento, há uma falha e o organismo morre. A partir disso, o corpo se deteriora, e perde as características que levaram anos para serem estabelecidas. As informações acumuladas ao longo da vida, registradas no cérebro, são perdidas.

Este interessante artigo escrito pelo professor Adilson de Oliveira[38] destaca especialmente a afirmação de que todas as formas de vida partiram da mesma química fundamental, fazendo com que todos os seres sejam de uma forma ou de outra parentes próximos.

---

38 Professor de física da Universidade Federal de São Carlos e fundador do Laboratório Aberto de Interatividade voltado para o desenvolvimento de metodologia para divulgação científica. "A vida somente se mantém ao utilizar energia e conservar as informações. Para perpetuá-la é preciso que as informações genéticas sejam passadas à próxima geração. A evolução ocorre a partir da diversidade, para que as espécies se adaptem às transformações do ambiente. Ainda existem muitas perguntas a serem respondidas sobre esse incrível fenômeno – e é isso que o torna tão fascinante" Revista *Galileu*, maio 2018, p.70.

12 >
O sentido da existência

O sentido da vida constitui um questionamento filosófico acerca do propósito e significado da existência humana. Há uma quantidade inumerável de possíveis respostas para "o sentido da vida", frequentemente relacionado ou com a religião ou com a filosofia.

Um sentido é necessário para o ser humano. O sentido da existência coincide com a busca frequente. O ser humano é inquieto, está sempre querendo ir atrás de muitas coisas, a inquietude o leva à frequente busca de um sentido para a vida, que significa a razão fundamental do existir.

A razão da existência é expressão das amizades, dos sonhos, das alegrias, do perdão, da linguagem que leva à comunicação. "É preciso saber viver a magia!!!".

E por que existimos? Qual o fundamento da nossa existência?

A vida é maravilhosa, até Deus quis conhecer mais, com mais alternativas, criando um número sem fim das formas onde existe a consciência de vida.

Para encontrarmos um sentido para a vida, é preciso procurar no mundo interior. Pois lá fora não existe mais coordenação ou formas de pensamento. As pessoas não se entendem, nessa mesma vida, nesse mesmo mundo.

São tantas as ciências e filosofias, que as pessoas não se entendem nos dias atuais. Analisando o mundo externo, é uma confusão, são tantas as diferenças que uma pessoa não entende mais a outra. Se quisermos procurar entender é preciso olhar para o nosso sexto sentido, nossa inteligência emocional é a razão que mostra o nosso mundo interior. A razão e as emoções produzem um equilíbrio para a vida, pois, ao contrário, pensamos que a vida não tem mais sentido. Desperta a intuição, que é o nosso sexto sentido.

A razão, por si só, não consegue nos guiar, mas a intuição nos dá maneiras de sentir a vida. Intuindo as coisas é que a compreenderemos.

A vida inteira cumpre sua finalidade. O sentido da existência humana é a direção que tomamos ou que percorremos pela vida. Este sentido está em não querer encontrar uma explicação, já que, ao explicá-lo, o sentido da existência humana se confunde com a própria existência de tudo.

Somos conscientes da felicidade no momento em que esta ocorre? Normalmente após dias, semanas ou anos, dizemos que fomos felizes em determinada época. Esse mesmo pensamento pode ser baseado na memória.

O estado de felicidade é o estado inconsciente. Cumprir uma das leis da plena felicidade é obter perfeição, parece ter acertado na sua intuição. Ninguém sabe o que é tudo isso que nos cerca, o que há são palavras desse ou daquele pensador, dessa ou daquela corrente religiosa ou filosófica. Provar ninguém o faz, mas é ótimo que você esteja vendo tão longe.

Ninguém conhece a Essência do universo e menos ainda da Vida humana. Não faz sentido que exista algo, como não faz sentido que algo não exista. Se o homem nasce e morre, o tudo se acabou, não faz sentido dentro da complexidade a Essência do todo. Quaisquer palavras ou doutrinas buscam conferir sentido à vida humana, principalmente no que se refere ao "após vida". Claro que a mente precisa ter caminhado muito na trilha da vida para ver tão longe.

O que havia "antes" de tudo? O que aí está? Não faz sentido perguntar sobre um "antes", mas filosoficamente faz!!! Por outro lado, o que haverá depois?

O homem, digo o Homem sábio, conclui melhor dizendo "não sei" ao estar diante de algo que não pode compreender.

Pelo mundo e pelo tempo afora, o Universo e a vida humana são demais misteriosos para que um mero ateísmo radical ou um teísmo delirante possam "explicar" que não penetraram na essência do problema.

Há algo mais, isso é o mais lógico admitir. Mas, para um agnóstico, a mente humana está impedida de penetrar na referida essência.

É angustiante, é quase desesperador seguir o caminho e não poder saber o que há lá na frente. Mas não há outro jeito, parece que buscar a perfeição é o que nos resta de superior. A maior dificuldade talvez seja rejeitar a própria visão das coisas e lutar contra o poder da imaginação. Claro, num mergulho interior, a pessoa pode achar que vislumbrou respostas, mas como poderá estar certa de que não está imaginando essas respostas?

A condição humana, diante de tanto mistério, é mesmo inquietante. Parece que deve haver alguma "explicação" para o mundo existir. Mas novamente esbarra no método científico que precisa de algo físico para postular objetivamente sua situação. A ciência possui limites históricos e instrumentais, e as faculdades cognitivas do "homo sapiens" também são limitadas para entender a totalidade do Cosmos. Restam apenas analogias racionais e dotadas de um razoável poder explicativo. É claramente uma questão metafísica e faz parte de um passado inalcançável. No entanto, é a filosofia que não nos deixará esquecer de continuar questionando. É mais fácil parar de questionar o que não se pode saber verdadeiramente, principalmente se a pergunta não possui resposta.

Conclusão

O que importa hoje é preservar o mundo, mas para isso são necessárias certas modificações. E para essas modificações as tendências históricas terão de ser compreendidas e antecipadas.

Todos os homens de boa vontade, ou antes, todos os homens que amam a vida devem formar uma frente única para a sobrevivência, para a continuação da vida e da civilização. Com todo o progresso científico e técnico que conseguiu, o homem acabará vencendo o problema da fome e da pobreza, e pode tentar soluções em sentidos diferentes. Há uma coisa que ele não pode: continuar os preparativos para a guerra que, desta vez, o levará à catástrofe. Ainda é tempo de prevermos a etapa seguinte da evolução histórica e modificarmos nossa atitude. Mas, se não agirmos logo, perderemos a iniciativa e as circunstâncias, instituições e armas que criamos assumirão o controle da história e decidirão nosso destino.

A psicanálise e a filosofia marxista – dois grandes instrumentos de análise, que foram aplicados no estudo da vida do ser humano, existência e sobrevivência no mundo, numa Paz Estável, que constituem, sem dúvida, leitura de uma prática realizável e importante para políticos, economistas, sociólogos, administradores públicos e todos os que se preocupam com problemas da evolução humana e formas de resolução de conflitos.

Síntese

Espírito e corpo são paralelos, mas independentes. Correm lado a lado sem que se toquem ou se influenciem.

Mas o problema não é se uma coisa envolveu outra; o problema, refraseado, é se as mais baixas formas de espírito – espírito-matéria – se desenvolveram nas formas altas. Porque o espírito não é matéria, nem a matéria é espírito, o que há é o espírito-matéria. Espírito não é entidade distinta dentro da matéria, do mesmo modo que a vida não é coisa que more no corpo. A própria consciência, embora não a possamos explicar, cai dentro do plano evolutivo porque não a derivamos da importante inércia da matéria dos materialistas e sim da energia que é a vida da matéria. O corpo não é aceito como "matéria" e sim como vida, ainda nas mais simples células a vitalidade é central e a forma material simples casca.

A vida não é função da forma, a forma é que é produto da vida. A vida vem primeiro, é interna. A matéria coeva da vida no tempo é inseparável da vida no espaço. Tentamos neste capítulo uma síntese que em certa medida procura abordar a perspectiva total e a complexidade do mundo. Falhamos, não há dúvida, e apenas tornamos mais obscuro o que todos percebem e sentem. O pensamento é uma ação que começa, a atenção é tensão.

Emoções, como mostrou Kennol, são condições do sangue, produzidas por secreção de glândulas. O espírito, em todas as suas funções, é uma parte do corpo, cresce com o crescimento do corpo e com ele decai e morre.[39]

---

39 Will Durant, op.cit.

Glossário

Abordagem dimensional ou do nível de desenvolvimento > Em Psicologia é a abordagem em que um aspecto ou área específica da personalidade é considerada através das fases da vida.

Adolescência > Período de desenvolvimento a partir do advento das principais mudanças da puberdade até a maturidade adulta. Aqui é vista como uma fase de transição na qual os problemas têm de ser resolvidos, antes que o indivíduo possa deixar de ser uma criança para tornar-se um adulto, o que ele tanto almeja.

Adulto > Pessoa pós-adolescente, cujo crescimento está completo na maioria dos aspectos do desenvolvimento e que é capaz de testar satisfatoriamente a realidade e ajustar-se ao ambiente.

Ajustamento > Estado de maturidade emocional próprio da idade de uma pessoa, permitindo-lhe fazer frente de modo eficaz a demandas ambientais, sociais e culturais.

Ajustamento emocional > Estado de maturidade emocional própria da idade de uma pessoa e marcado por uma maturidade emocional relativamente moderada a estímulo de afeto e ânimo.

Alheamento > Processo de separação ou estado emocional em que as pessoas familiares e os relacionamentos parecem estranhos ou inaceitáveis e encontram reações de crítica e isolamento.

Altruísmo > Preocupação profunda de interesse pelos outros, muitas vezes expressas em desejo de auxiliá-los ou em atividades de caridade.

Ambivalência > Tendência íntima de uma pessoa de ser atraída em direções opostas, como, por exemplo, aceitação-rejeição, amor-ódio, participação-alheamento.

Amnésia > Esquecimento defensivo causado por forte conflito ou incapacidade d enfrentar certo evento ou experiência, com recalque subsequente.

Atrofia > Declínio progressivo de uma parte, ou diminuição de tamanho, ou degeneração.

Behaviorismo > Behavior significa comportamento.

Caráter > Habilidade adquirida por uma pessoa para agir e conduzir-se de acordo com um código pessoal de princípios que têm base em uma escala de valores, e facilidade para tanto.

Ciclo de vida > É o tempo total desde o nascimento até a morte, dividido em diversos estágios e fases, realçando a ocorrência de certos eventos importantes.

Ciência behaviorista > É "objetiva", já que isto excluiria o que acontece dentro de nós, os significados e as instruções que damos à vida. O curso da vida humana tem um aspecto biológico que pode ser descrito pelo lado de fora em sua ascensão e declínio. Tem um aspecto espiritual de individuações, de escolha de valores. São esses últimos aspectos, o psicológico e o espiritual, que nos preocupam mais, pois isso é o que somos como humanos.

Concepção > Fusão do espermatozoide e do óvulo na fecundação humana.

Condicionamento > Modalidade de treinamento em que se emprega reforço, recompensa ou punição para se obter respostas desejadas (recompensadas).

Conduta > Parte do comportamento de uma pessoa, incluindo insuficiência e atavismo, guiada por padrões éticos, morais ou ideológicos.

Congênito > Refere-se às características e defeitos adquiridos durante o período de gestação e que persistem até o nascimento.

Criança > No final da primeira infância, crianças entre as idades aproximadas de 15 a 30 meses (Toddler).

Curso de uma vida individual > Sua biografia.

"Desenvolvimento" > Crescimento no qual mudanças estruturais ocorrem em pontos críticos, através do sistema. Charlotte Büller, desenvolvimento é uma mudança que ocorre numa só direção – dirigida pelas leis da maturação e é fundamentalmente biológico. O desenvolvimento começa com um processo repetitivo de diversas células e diferenciação para formar órgãos, conduzindo à forma global que o organismo deve assumir – este é o estágio de amadurecimento. Depois um estágio de equilíbrio entre o amadurecimento e declínio. Daí em diante terceiro estágio no qual o declínio predomina acentuadamente até que a morte ocorra.

Dissonância > Falta de harmonia entre pontos de vista. Discordância.

Ectoderme > é a camada de célula mais externas no embrião, da qual se desenvolvem as estruturas do sistema nervoso e da pele.

Embrião > Do modo usado neste livro, é um organismo humano nas primeiras fases do desenvolvimento pré-natal, cerca de 2 semanas a dois meses após a concepção.

Envelhecimento > Processo contínuo de desenvolvimento que tem início com a concepção e termina com a morte, durante a qual as estruturas e funções orgânicas de um organismo imaturo inicialmente crescem e atingem a maturidade, depois declinando e se deteriorando.

Epigênese > Aparecimento de novos fenômenos não presentes em estágios anteriores no desenvolvimento de um organismo, a partir do ovo fecundado para a maturidade adulta.

Epistemologia > Estudo do conhecimento.

Escala filogenética > Linha de descendência de um vivente, das mais baixas às mais altas.

Eudemonia > Teoria moral fundada na ideia da felicidade concebida como bem supremo. Felicidade que vem de uma vida ativa, governada pela razão.

Fase anabólica > Acúmulo de energia para a construção do eu.

Fase catabólica > para a elaboração da realidade externa.

Filogênese > Evolução dos traços e características comuns a uma espécie ou raça, desenvolvimento de uma espécie, de sua origem ao estado presente.

Hedonismo > Doutrina segundo a qual o prazer individual é o que mais importa na vida.

Imbróglio > Situação muito confusa e atrapalhada.

Leitmotiv > No caminho da vida, a escolha que fizermos determinará o rumo futuro de nossas vidas e se um novo leitmotiv será realizado ou desaparecerá nas profundezas do inconsciente, de onde para o resto de nossas vidas, representará uma constante ameaça ao nosso sentimento de autorrespeito. O que havia sido feito na sua aparição no final dos trinta, com abordagem da vida expansiva e egocêntrica, agora se torna um problema existencial.

Libido > Em Psicanálise, o total de energia vital indiferenciada (Jung) de natureza sexual (Freud).

Maturidade > Estado de função e integração máximos de um único fator ou uma pessoa total, também se aplica à adequação de desenvolvimento e desempenho relacionados à idade.

Menopausa > Estágio na vida de uma mulher quando cessa a menstruação, usualmente no final dos 40 anos e princípio dos 50 anos de idade.

"Mudança" > Palavra que neste trabalho significa que nada é estático e que tudo se move na correnteza do tempo.

Neonato > Criança recém-nascida.

Ontogênese > Conforme foi usado neste livro é origem e desenvolvimento de um organismo e suas funções durante a vida, especialmente o que e como a pessoa individualmente aprende em uma cultura específica.

Óvulo > Célula germinativa da fêmea ou célula do ovo, produzida por um dos ovários.

Perfeccionismo > Tendência de uma pessoa de exigir frequentemente de si própria e dos outros uma qualidade máxima de realizações, sem consideração apropriada dos fatores limitantes.

Período de latência > Em Psicanálise, o período de aproximadamente quatro a onze ou doze anos de idade, durante o qual o interesse pelo sexo não é aparente.

Ponto de vista personalista > Forma através da qual o homem é visto ou estudado como um ser físico (a imagem biológica do homem).

Primeira infância > os primeiros dois ou três anos de vida humana, durante os quais se originam as principais habilidades, marcadas por dependência quase total dos outros.

Procura do leitmotiv > Orientações nas etapas de vida da infância à velhice.

Psicologia do desenvolvimento > Divisão da Psicologia que investiga os processos de crescimento, maturação e envelhecimento do organismo e personalidade humanos como as funções cognitivas, sociais e outras, através da amplitude da vida.

Psicossomático > Efeitos do estresse psicológico e emocional sobre a saúde e a patologia, usada para indicar que um fenômeno tanto é psíquico como corporal.

"Psique" > a imagem psicológica do homem.

Puberdade > O período de maturação física (especialmente a sexual) e cognitiva por crescimento somático rápido e a assunção de traços ou características dos adultos.

Púbere > Estágio inicial da puberdade, uma pessoa que exibe características significantes desse período de maturação.

RNA > Molécula de ácido ribonucleico que desempenha o papel de mensageiro para as funções vitais do DNA. Também ocorre como RNA de transferência e RNA ribossômico.

Senilidade > perda marcante de funções físicas e cognitivas na idade avançada ou antes.

Seniscência, senilitude > O período da idade avançada.

Sentido da existência > Serão dados por uma compreensão das fases da via humana.

Ser espiritual > A imagem biográfica do homem.

Superego > Em Psicanálise, a parte da estrutura da personalidade formada pelos relacionamentos iniciais pais–filho e que ajuda o ego a impor o controle de impulsos instintivos primitivos e funções posteriores como uma força moral análoga a uma forma primitiva de consciência.

Temperamento > Disposição afetiva e expressão de energias emocionais e comportamento relevante.

Tipificação > (Identidade) de sexo -- Aprendizagem de padrões de comportamento, apropriados ao sexo de uma pessoa, por exemplo, aquisição de traços de comportamento masculino por parte de um menino.

Viabilidade > Capacidade de um organismo para sobreviver, por exemplo, a capacidade da criança nascida prematuramente de viver fora do útero.

Zigoto > Forma usada no trabalho presente, um novo indivíduo formado pela união de gametas masculinos e femininos e o glóbulo de células resultantes durante a primeira fase do desenvolvimento pré-natal humano, após a concepção, durante aproximadamente duas semanas.

Bibliografia

> ABBAGNANO, Nicola. *Dicionário de Filosofia*. São Paulo: Martins Fontes, 2007. 1210 p.

> BLIXEN, Karen. *Seven Gothic Tales.* The Deluge at Norderney. London: Penguin, 2002.

> BLOCK, Simon. *Sentido da vida.* Dicionário de Filosofia. Gradive, Lisboa: 1997.

> BOULDING, Kenneth. *A paz estável*. Rio de janeiro, Zahar, s.d.

> BOURDIEU, Pierre. *Os usos sociais da Ciência*: por uma Sociologia Clínica do campo científico. São Paulo: Unesp, 2004.

> BÜHLER, Charlotte. *El curso de la vida humana como problema psicológico.* Madrid: Espasa-Calpe, 1943.

> CAMPOS, Dinah Martins de Souza. *Psicologia e desenvolvimento humano.* Petrópolis: Vozes, s.d.

> CARVALHO, Paulo. *As 8 dádivas eternas da vida*. São Paulo: Pensamento, 2008.

> COMTE, August. A Filosofia positivista e o estudo da sociedade. In: Gardiner, P. *Teorias da História*, 1995, p. 90-103.

> DARWIN e os grandes enigmas da vida. São Paulo: Martins Fontes, 2006.

> DUCHENNE DE BOULOGNE, G.B. *The Mechanism of Human Facial Expression*. Cambridge, UK: University Press. 1862.

> DURANT, Will. *Filosofia da Vida.* São Paulo: Nacional, 1965.

> ERIKSON, Erik H. *O ciclo de vida completo*, 1998.

> EAGLEMAN, David. El cerebro – Nuestra historia. Anagrama. Barcelona, 2017.

> FALCON, Francisco. *História das ideias*.

> FALLON, James. The Psychopath Inside: *A Neuroscientist's Personal Journey into the Dark side of the Brain*. New York: Penguin Books, 2013.

> FEBVRE, Lucien. *Olhares sobre a História*.

> FROMM, Erich. Psicanálise da sociedade contemporânea. Psicanálise da sociedade contemporânea. Rio de Janeiro: Zahar, 1976.

_____ *A crise da Psicanálise*. Analisando a psicanálise e a psicologia social dentro da crise do mundo moderno.

_____ *Análise do Homem*. 11ª. Ed. A inquietação e perplexidade do homem moderno e o sentimento de futilidade que o domina diante de suas realizações e conquistas.

_____ *O coração do Homem*. 6ª. Ed. A liberdade de escolher entre o bem e o mal, entre o amor e o ódio, entre a vida e a morte, e o uso que o homem faz dessa liberdade.

_____ *A missão de Freud*. 3ª. Ed. Profunda e lúcida análise crítica do fundador da Psicanálise.

_____ *Psicanálise da sociedade contemporânea*. 9ª. Ed.

_____ *A sobrevivência da humanidade*. 6ª. Ed. A crise do mundo moderno analisada por uma das inteligências mais agudas de nosso tempo.

> GELLNER, Ernest. Introdução. In: EVANS-PRITCHARD, E E. *História do pensamento antropológico*.

> GOUVEIA, Maria Cristina Soares; GISKEN, Carlos Henrique de Souza. *Desenvolvimento humano*. História, conceitos e polêmicas. S.Paulo: Cortez, 2010.

> GUARDINI, R. *As idades da vida*: seu significado ético e pedagógico junto com a aceitação de si mesmo. Trad. João Câmara Neiva. São Paulo: Pallas Athena, 2010, 2. ed.

> GUEDES, Antonio José de Oliveira. *Evolucionismo e educação*: a filosofia da educação no positivismo evolucionista de Herbert Spencer. Porto. ASA, 1999.

> HAECKEL. *A Fase Humana*, 1899

> HARMAN, Denham. Aging: A Theory Based on Free Radical and Radiation Chemistry. *Journal of Gerontology*, Volume 11, Issue 3, 1 July 1956, p. 298–300

> HEMLEBEN, J. Rudolf Steiner: *Monografia ilustrada*. Trad. Heinz Wilda. São Paulo: Antroposófica, 1984.

> JUNG, C.G. *O homem e seus símbolos*.

> LEAL, Vilma. *Psicologia das Emoções*. São Paulo: Musa Editora, 2015.

> LIEVEGOED, Bernard. *Fases da vida* – crises e desenvolvimento da individualidade.

> LIPTON, Bruce and BHAERMAN, Steve. *Spontaneous Evolution*: Our Positive Future (and a Way to Get There from Here. Carlsbad, CA: Hay House, 2009.

> LIPTON, Bruce. *The Biology of Belief*: Unleashing the Power of Consciousness, Matter & Miracles. Carlsbad, CA: Hay House, 2008.

> MOERS, Martha. *Las fases de desarrollo de la vida humana*: un estudio psicológico como base para la educación de adultos. Ratingen: Aloys Henn, 1953.

> MUSS, Rolf E. *Teorías de la adolescencia*. Buenos Aires: Paidós, 1969.

> NAGIL, Thomas. *O sentido da vida*: o que quer dizer tudo isto? Lisboa: Gradive, 1995.

> PAULING, Linus. *Vitamin C and the Common Cold*. Freeman, 1970.

> PIKUNAS, Justin. *Personalidade*.

_____ *Psicologia do desenvolvimento*.

> ROIZEN, Michael R. *The RealAge(R) Workout: Maximum Health, Minimum Work*. William Morrow, 2006.

> ROSE, Steven. *O Cérebro do Século XXI*. São Paulo: Globo, 2006.

> SALZMAN, Leon. *Treatment of the obsessive personality*. J. Aronson, 1982.

> SCHILLER, F. *A Educação estética do homem*. Trad. Roberto Schwarz e Marcio Suzuki. São Paulo: Iluminuras, 1989.

> SINGER, Peter. *Por que agir moralmente?* Lisboa: Ética Prática, Gradive, 2000.

> STEINER, R. *O conhecimento dos mundos superiores*. Trad. Erika Reimann. 3ª. Ed. rev. São Paulo: Antroposófica, 1991.

_____ *A Ciência oculta*. Trad. Rudolf Lanz. São Paulo: Antroposófica, 3ª. Ed., 1991.

_____ *A filosofia da liberdade*. Trad. Alcides Grandisoli. São Paulo: Antroposófica, 2ª. Ed., 1987.

_____ *Linhas básicas para uma teoria do conhecimento na cosmovisão de Goethe*. Trad. Bruno Callegaro. São Paulo: Antroposófica.

_____ Noções básicas de Antroposofia. Antroposófica. São Paulo, 2005.

> WATSON, J.B. *Behaviorismo*. 2ª. Ed. Londres, 1931.

1ª edição: novembro de 2018
impressão: Gráfica Forma Certa
papel de miolo: pólen bold 90g
papel de capa: cartão supremo 350g
tipografia: Gotham